Nicola Graimes

VEGETARISCH DURCHS STUDIUM

Hölker Verlag

Anmerkungen zu den Rezepten

Soweit nicht anders angegeben:

- Verwendet mittelgroße Eier, Früchte und Gemüse
- Verwendet frische Zutaten, das gilt auch für Kräuter und Gewürze

Die Originalauflage ist 2014 im Englischen im Nourish Verlag, ein Imprint von Watkins Publishing Limited, erschienen unter dem Titel:
Veggienomics. Thrifty meat-free cooking at its best
www.nourishbooks.com

Fotografie: Toby Scott
Food Styling: Jane Cross
Objektstyling: Lucy Harvey
Illustrationen: Cecilia Carey

5 4 3 2 1 18 17 16 15 14
978-3-88117-959-1

Übersetzung: Sarah Pasquay
Redaktion: Kathrin Nick
Covergestaltung: Christiane Weismüller
Satz: Tina Lechner Grafik & Buchdesign, Stuttgart

Printed in China

www.hoelker-verlag.de

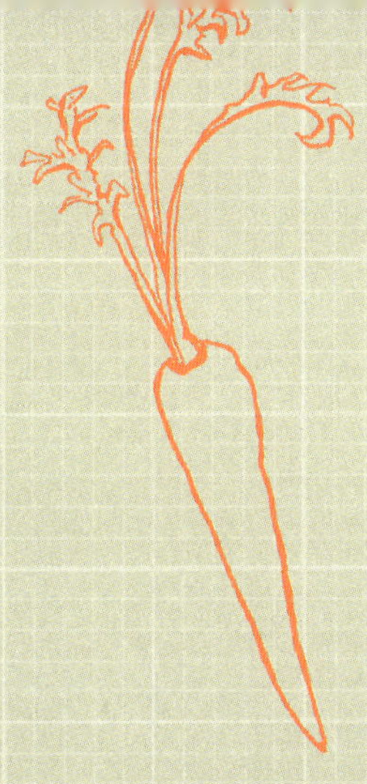

Inhalt

Einleitung 6

Grundrezepte und Beilagen 12

1.

Eine Dose Bohnen (und andere Hülsenfrüchte) 26

2.

Eine Packung Pasta (und asiatische Nudeln) 44

3.

Ein Sack Reis (und andere Körner) 66

4.

Ein Beutel Nüsse (und Samen & Kerne) 88

5.

Ein Karton Eier 110

6.

Eine Scheibe Käse (und andere Milchprodukte) 130

7.

Eine Kiste Gemüse 152

Zutaten- und Rezeptregister 174

Danksagung 176

Einleitung

Vegetarisch durchs Studium versammelt eine Auswahl an Rezepten, die wunderbar zu den Bedürfnissen der heutigen Studenten passt: ehrliche, einfache Gerichte, die, was den Geschmack betrifft, keine Kompromisse eingehen, nahrhaft sind und – ganz wichtig – kein Loch in euren Geldbeutel reißen. Wir alle denken immer mehr über den Preis unseres Essens nach und darüber, wie umweltschädlich und unwirtschaftlich die massenhafte Fleischerzeugung ist. Das ist auch der Grund, weshalb immer mehr Menschen vegetarisch kochen – mal zu 100 Prozent, mal gelegentlich –, was sowohl in ökonomischer als auch in ökologischer Hinsicht sinnvoll ist. Dazu kommt, dass die meisten von uns nicht viel Zeit für das tägliche Einkaufen oder Kochen haben. Dieses Buch hilft euch dabei, im Voraus zu planen (ganz wichtig dabei: ihr solltet immer aus dem, was ihr habt, das Beste machen, gerade wenn ihr knapp bei Kasse seid), gibt Tipps für den Einkauf, das Anlegen von Vorräten, das bestmögliche Ausnutzen eures Gefrierschranks, für die Resteverwertung, die Menüplanung sowie für den Anbau eurer eigenen frischen Produkte und sogar das Sammeln von Wildkräutern – zum Nulltarif.

Diese Rezeptsammlung greift auf Grundzutaten aus eurem Vorratsschrank zurück, auf Bohnen, Reis, Pasta, asiatische Nudeln und Getreide, aber auch auf Nüsse, Käse, Milchprodukte und Eier; dazu kommt frisches Gemüse – gekauft, selbst angebaut oder wild gesammelt. Ich wollte mit meinem Ansatz zurück zum Wesentlichen, deshalb findet ihr hier Rezepte für Gemüsebrühe, Gewürzmischungen, Frischkäse, Joghurt, Eingemachtes, Eingelegtes und Sirup sowie Tipps zum Anbau von Sprossen. Die Gerichte nachzukochen macht Spaß und ist ganz einfach, aber nicht nur das: Die Rezepte schonen auch euren Geldbeutel, denn die benötigten Lebensmittel könnt ihr günstig einkaufen. Es gibt Zahlen, die aufzeigen, dass wir im Westen ein Drittel der gekauften Lebensmittel wegwerfen – deshalb sollten wir wirklich aus dem, was wir haben, den größtmöglichen Nutzen ziehen, indem wir vom Gefrierschrank Gebrauch machen und Reste zum Kochen anderer Gerichte verwenden (und sei es nur eine übrig gebliebene Brotrinde, Käserinde oder zu viel gekochtes Gemüse).

Ausgerichtet auf unsere geschäftigen Leben und unterschiedlichen kulinarischen Bedürfnisse, enthält jedes Kapitel Rezepte und Vorschläge für Snacks, schnelle Mittagessen und größere Abendessen. Außerdem gebe ich Tipps, wie ihr Rezepte miteinander verbinden könnt. Wenn ein Rezept eine etwas ungewöhnliche Zutat enthält, wird immer eine Alternative angeboten, falls ihr diese Zutat nicht findet. Ich verwende auch gern dieselbe Zutat für mehrere Rezepte, so bleibt ihr nicht auf Resten sitzen, die dann im Schrank vor sich hin gammeln.

Ursprünglich wollte ich mich in diesem Kochbuch damit beschäftigen, wie man clever einkauft und aus dem wöchentlichen Einkauf das Beste macht, doch dann entwickelte sich etwas Größeres daraus, das auch den Anbau eigener Produkte und das Sammeln von Wildkräutern mit einschloss – zwei meiner Lieblingsbeschäftigungen. Es geht in diesem Buch nicht darum, wie man sich aus der Natur ernährt – ich möchte euch vielmehr eine Vorstellung von den Möglichkeiten geben, die ein kleines Stück Land in sich birgt, und davon, was ihr in eurer Umgebung alles entdecken könnt.

Ich würde mich nicht als große Gärtnerin bezeichnen, aber ich baue gern ein paar Gemüsesorten und Kräuter zu Hause an und teile mir mit Freunden einen Kleingarten. Das ist nicht nur äußerst befriedigend, sondern beruhigt auch die Nerven, gerade wenn ihr viel Zeit mit Lernen und Klausurvorbereitungen verbringt. Ebenso wurde mein Interesse am Sammeln von Wildkräutern geweckt, nachdem ich ein paar spektakuläre Steinpilze gefunden hatte – es gibt kaum ein tolleres Erlebnis!

Wenn ihr also euren wöchentlichen Fleischkonsum herunterfahren (oder ganz von eurem Speiseplan streichen wollt) und ein Auge auf eure wöchentlichen Ausgaben haben möchtet, dann werdet ihr mir hoffentlich zustimmen, dass dieses Buch gute Anregungen enthält, die nicht die Welt kosten.

DEN VORRATSSCHRANK BESTÜCKEN

Zutaten aus dem Vorratsschrank bilden den Grundstein der Rezepte. Ihr werdet sehen, dass ihr die Grundzutaten für viele leckere Gerichte bereits vorrätig habt und nur die frischen Zutaten dazukaufen müsst. Wenn Pasta, Reis, Bohnen und Linsen auf eurem wöchentlichen Speiseplan stehen, ist es ökonomisch sinnvoll, gleich größere Mengen davon zu kaufen. Und wenn ihr nicht so regelmäßig davon esst, dass größere Mengen sich für euch allein lohnen, teilt euch die Packungen doch einfach mit Familie und Freunden. Manche getrockneten Lebensmittel bekommt man auch in loser Form, da könnt ihr genau die benötigte Menge kaufen und müsst nicht für aufwendige Verpackungen extra zahlen.

Reis und Getreide

Reis ist ein Grundnahrungsmittel der halben Weltbevölkerung und in vielen Küchen zu finden: Denkt nur an italienisches Risotto, spanische Paella und die Pilaws des Mittleren Ostens, nicht zu vergessen die asiatische Küche. Es gibt zwei Hauptzubereitungsarten für Reis: zum einen das offene Kochen, bei dem der Reis mit viel Wasser bedeckt und abgegossen wird, sobald er fertig ist; zum anderen die Absorptionsmethode. Ich wende am liebsten Letztere an, so wie ich es von dem Reis-Experten Sri Owen gelernt habe, denn sie ergibt einen perfekt gegarten, lockeren Reis.

Um Langkornreis für vier Personen mit der Absorptionsmethode zuzubereiten, spült ihr 200 g Reis gründlich ab, um die Stärke zu entfernen. Dann gebt ihr den Reis mit der doppelten Menge Wasser und ½ Teelöffel Salz in einen Topf (das Wasser sollte 1 cm höher als der Reis stehen). Ohne Deckel aufkochen, dann die Hitze auf niedrigste Temperatur reduzieren und zugedeckt etwa 10 Minuten köcheln lassen, bis der Reis das Wasser absorbiert hat und zart ist. Den Topf vom Herd nehmen und 5 Minuten stehen lassen. Vor dem Servieren den Reis mit einer Gabel auflockern.

Wenngleich der Reis der König in der Welt der Getreide ist, so gibt es doch noch viele andere Getreidesorten, die für euren Vorratsschrank interessant sind: Gerste, Bulgur, Couscous, Buchweizen, Hafer, Polenta und Quinoa – alle empfehlenswert und nicht teuer. Gerste macht sich gut in herzhaften Suppen und Eintöpfen und ist auch eine leckere Alternative zu Reis in Risottos und Paella. Die proteinreichen Getreidesorten Quinoa, Buchweizen, Bulgur oder Couscous serviere ich gern zu Tajines und Schmorgerichten, aber auch in Salaten und Pilaws. Polenta und Hafer sorgen bei Frittiergut, Kroketten und Bratlingen für eine knusprige Hülle.

Pasta und asiatische Nudeln

Lang oder kurz, dick oder dünn, glatt oder gerillt, gedreht oder gerade – bei Pasta könnt ihr aus einer Fülle an Formen und Größen auswählen. Das große Angebot mag einschüchternd wirken, doch die allgemeine Regel lautet, dass die Pastaform mit der begleitenden Sauce harmonieren sollte. Perfekte Paare bilden zum Beispiel lange, dünne Pastasorten wie Spaghetti und Linguine mit Saucen auf Olivenölbasis; lange, dickere Pasta passt zu Sahne- oder Tomatensaucen, während schwere, stückige Saucen mit robusteren, kleineren Sorten wie Rigatoni und Penne harmonieren. Gerillte oder gedrehte Pasta nimmt gut Saucen auf, gibt ihnen etwas, an dem sie sich festhalten können. Es ist also sinnvoll, immer eine Auswahl an Pasta vorrätig zu haben – aber auch hier gilt, dass ihr natürlich nicht zu viele angebrochene Packungen im Schrank haben wollt, die alle nicht mehr für eine vollständige Mahlzeit ausreichen!

Pasta solltet ihr immer in reichlich Wasser kochen, damit sie nicht verklebt (eine anständige Portion wird mit 100 g Pasta pro Person berechnet). Das Wasser immer großzügig salzen (etwa 1 Esslöffel pro Liter); es sollte so salzig wie Meerwasser sein. Die Pasta ab und zu umrühren, um ein Verkleben zu verhindern, und das Wasser sprudelnd kochen lassen. Beim Abgießen immer etwas Kochwasser aufheben, um damit die Sauce bei Bedarf zu verdünnen.

Asiatische Nudeln unterscheiden sich zwar ebenfalls in Länge und Dicke, doch wie sie gekocht und serviert werden, hängt eher vom verwendeten Getreide als von der Größe ab. Eiernudeln und robuste Udon-Nudeln passen gut in Pfannengerichte, die leichteren Reis- und Soba-Nudeln besser in Brühen und asiatische Salate.

Bohnen und Linsen

Getrocknete Bohnen und Linsen gehören zur Grundausstattung. Sie sind sehr preiswert und nahrhaft, und wenn sie regelmäßig auf eurem Speiseplan stehen, lohnt es sich, sie in größeren Mengen zu kaufen. Wählt immer glatte, pralle getrocknete Bohnen aus und verwahrt sie in einem luftdichten Behälter in einem kühlen, dunklen Schrank; dort halten sie sich bis zu einem Jahr. Behaltet das Haltbarkeitsdatum im Auge, denn Bohnen werden zäh, wenn sie zu alt sind.

Auch Bohnen und Linsen aus der Dose solltet ihr nicht verschmähen, sie sind praktisch, wenn mal die Zeit knapp ist oder ihr keine Lust habt, sie erst einzuweichen und dann zu kochen. Ich verwende sie gern für schnelle Mittagssalate oder Pfannengerichte, da sie meist weicher sind als die gekochten getrockneten Bohnen, eignen sie sich wunderbar für Füllungen, Kroketten und Bratlinge.

Die entsprechenden Rezepte in diesem Buch geben immer das Gewicht für gekochte getrocknete Bohnen und abgetropfte aus der Dose an. Denkt daran, dass getrocknete Bohnen ihr Gewicht beim Kochen verdoppeln: 100 g Borlotti-Bohnen ergeben 200 g gekochte Bohnen. Eine 400-g-Dose Kichererbsen enthält sowohl Kichererbsen wie Lake, deshalb müsst ihr hier auf das Trockengewicht achten, das auf dem Etikett genannt wird: Eine 400-g-Dose etwa enthält rund 235 g Kichererbsen.

Für getrocknete Bohnen gilt: Mit wenigen Ausnahmen kochen sie schneller und gleichmäßiger, wenn sie zuvor 6–8 Stunden in reichlich kaltem Wasser eingeweicht wurden. Wenn die Zeit knapp ist, könnt ihr die schnelle Einweichmethode ausprobieren: Die Bohnen für 2 Minuten in kochendes Wasser geben, dann den Topf vom Herd nehmen und zugedeckt 1 Stunde einweichen lassen, bis das Wasser kalt ist. Welche Methode ihr auch anwendet, vor dem Kochen müsst ihr die Bohnen auf jeden Fall abgießen und gut abspülen. Getrocknete Linsen und Mungbohnen müssen nicht eingeweicht, sollten aber vor dem Kochen gut abgespült werden. Um getrocknete Bohnen und Linsen zu kochen, lasst ihr sie in einem verschlossenen Topf mit reichlich kaltem Wasser aufkochen (getrocknete Kidneybohnen unbedingt 10 Minuten kochen lassen, um die Giftstoffe zu zerstören). Dann die Hitze reduzieren und halb zugedeckt köcheln lassen, bis die Bohnen zart sind; dabei gelegentlich umrühren. Das Wasser erst nach drei Vierteln der Kochzeit salzen, sonst werden die Bohnen nicht richtig weich. Kontrolliert regelmäßig, ob genug Wasser im Topf ist, und füllt bei Bedarf etwas nach. Die Garzeit variiert je nach Alter der Bohnen und Linsen, die Tabelle könnt ihr als Richtlinie benutzen.

DEN KÜHLSCHRANK AUFFÜLLEN

Ein Großteil des Essens, das im Müll landet, kommt direkt aus dem Kühlschrank, man sollte also genau überlegen, wie man den Kühlschrank bestückt, um Verschwendung zu vermeiden. Nehmt zum

BOHNEN	**Einweichen**	**Garzeit**
Azuki-Bohnen	ja	45 Minuten
Borlotti-Bohnen	ja	1–1 ½ Stunden
Cannellini-Bohnen	ja	1–1 ½ Stunden
Fava-Bohnen, gespalten	ja	40–60 Minuten
Flageolet-Bohnen	ja	1–1 ½ Stunden
Haricot-Bohnen	ja	1–1 ½ Stunden
Kichererbsen	ja	1–2 Stunden
Kidneybohnen	ja	1–1 ½ Stunden
Mungbohnen	nein	45 Minuten
Pinto-Bohnen	ja	1–1 ½ Stunden
Schwarze Bohnen	ja	1–1 ½ Stunden
Sojabohnen	ja	2–3 Stunden
Weiße (Lima-)Bohnen	ja	1 Stunde
LINSEN		
Grüne Linsen	nein	30–45 Minuten
Puy-Linsen	nein	30–45 Minuten
Rote Linsen, gespalten	nein	25 Minuten

Einkaufen eine Liste mit, so könnt ihr euch auf bestimmte Dinge konzentrieren und Spontankäufe vermeiden. Damit sich die gekühlte Ware so lange hält, wie sie sollte, achtet darauf, sie im Kühlschrank richtig zu lagern. Stellt sicher, dass euer Kühlschrank auf eine Temperatur von 4–5 °C eingestellt ist, und behaltet die Mindesthaltbarkeitsdaten im Auge. Lebensmittel sollten immer eingepackt oder zudeckt sein, damit sich mögliche Erreger nicht übertragen und Gerüche, etwa von strengem Käse, Knoblauch oder Frühlingszwiebeln, sich nicht überlagern. Eier sind in der Kühlschranktür gut aufgehoben. Für rohes Gemüse und Salat bieten der Boden des Kühlschranks oder das Gemüsefach die ideale Temperatur.

DEN GEFRIERSCHRANK RICHTIG NUTZEN

Einfrieren ist eine nützliche Methode, um Lebensmittel zu konservieren, sei es, um ihre Haltbarkeit zu verlängern, um Reste gewinnbringend weiterzuverwerten oder um mit einer Fülle frischer Produkte fertig zu werden. Wenn ihr größere Portionen kocht, könnt ihr die Reste einfach einfrieren. Auch Brotreste lassen sich, zu Semmelbröseln zerkleinert, wunderbar in Töpfchen einfrieren – sie können gefroren weiterverwertet werden. Es kostet weniger, einen vollen Gefrierschrank zu betreiben als einen halb vollen, es zahlt sich also aus, den Platz auszunutzen. Haltet den Gefrierschrank auf -18 °C oder darunter, denn bei dieser Temperatur sind Krankheitserreger und schädliche Mikroorganismen untätig. Beste Ergebnisse erzielt ihr, wenn ihr selbstgekochtes Essen mit der Schnellgefrierfunktion einfriert. Schnellgefrorene Lebensmittel haben kleinere Eiskristalle, das heißt, sie verlieren beim Auftauen weniger Feuchtigkeit und Nährstoffe.

Suppen, Eintöpfe und Saucen solltet ihr in Portionen einfrieren, dann könnt ihr bei Bedarf die gewünschte Menge auftauen. Reste von Wein, Brühe und gehackten Kräutern (in etwas Wasser) können im Eiswürfelbehälter eingefroren und dann in einen Gefrierbeutel umgefüllt werden. Um den Platz im Gefrierschrank maximal auszunutzen, solltet ihr Eintöpfe und Saucen in robusten Gefrierbeuteln flach einfrieren. Plastikbehälter mit fest verschließbaren Deckeln sind ebenfalls praktisch; versucht es auch mal mit leeren, gut ausgespülten Eisschachteln, Margarinedosen und Joghurtbechern.

Obst und Gemüse friert ihr am besten auf einem Brettchen oder Blech ein. Das gilt auch für vegetarische Würstchen, Gebäck, Bratlinge und Pies, weil die einzelnen Teile so nicht zusammenfrieren. Einmal gefroren, können sie in einen geeigneten Beutel oder Behälter umgefüllt werden. Einzelne Lebensmittel solltet ihr zum Gefrieren zunächst in Frischhaltefolie wickeln, um sie auseinanderzuhalten. Wenn ihr selbstgekochtes Essen einfriert, achtet darauf, dass es richtig abgekühlt ist, denn warme Lebensmittel lassen die Temperatur im Gefrierschrank ansteigen und können so anderes Gefriergut angreifen. Am besten ihr schreibt immer Name, Menge und Gefrierdatum auf die Beutel, oder – das ist noch effizienter– führt eine Liste über den gesamten Inhalt eures Gefrierschranks.

Tiefgefrorene Lebensmittel solltet ihr bei Raumtemperatur oder im Kühlschrank auftauen lassen. Ihr könnt auch die Mikrowelle oder den Backofen dazu nutzen, aber dadurch kann sich die Beschaffenheit verändern. Ganz wichtig: Aufgetaute Lebensmittel dürfen nicht wieder eingefroren werden.

LEBENSMITTEL SELBST ANBAUEN

Ich bin noch recht neu in der Welt des Gärtnerns. Im Laufe der Jahre habe ich immer wieder mal erfolgreich in meinem kleinen Innenhofgarten eigenes Gemüse angebaut, in Töpfen, Pflanztüten und Beeten, und einen Kräutergarten habe ich, seit ich denken kann. Doch erst seit Kurzem beackere ich mit Freunden einen Schrebergarten, und wir sind mit einer reichen Ernte belohnt worden. Immer mehr Menschen bauen mit großer Begeisterung ihr eigenes Obst und Gemüse an, wenn ihr keine Lust dazu habt, ist die beste Alternative das Abo einer Gemüsekiste oder der nächstgelegene Bauernmarkt.

Die Tipps zum eigenen Anbauen in diesem Buch geben euch ein Basiswissen an die Hand und konzentrieren sich auf die Produkte, die ich selbst gezüchtet habe. Leider war der Platz zu knapp, um ins Detail zu gehen (deshalb bleibt die Vielfalt des Saatguts völlig unberücksichtigt), aber ich hoffe, es sind genug Anregungen, damit eure Lust am Selberzüchten geweckt wird und ihr eure eigenen Pflanzvorlieben herausfindet. Eine große Gemüseernte könnt ihr gut einfrieren, allerdings solltet ihr das Gemüse vorher blanchieren und abkühlen lassen, denn dann hält es sich besser. Alternativ könnt ihr es ungekocht einfrieren, solltet es dann aber gleich nach dem Auftauen kochen.

Wenn ihr selbst angebautes (oder wild gesammeltes) Gemüse konservieren wollt, etwa in Form von Marmeladen, Gelees, Chutneys oder eingelegtem Gemüse, müsst ihr die Gläser, die ihr dazu benutzen wollt, zunächst sterilisieren, um Verunreinigungen zu vermeiden. Das geht ganz einfach, aber ihr solltet streng auf die Hygiene achten. Neue oder gebrauchte Gläser in heißem Seifenwasser gründlich waschen (vorher Etiketten entfernen), dann gut ausspülen und auf ein Blech in den kalten Backofen stellen. Den Ofen auf 180 °C erhitzen, und wenn die Temperatur erreicht ist, die Gläser noch 10 Minuten dort belassen. Verwendet lieber neue Deckel, als die alten wiederzuverwerten, und sterilisiert sie vor der Verwendung, indem ihr sie für 10 Minuten in kochendes Wasser legt. Vorsichtig mit einer Küchenzange aus dem Wasser nehmen und trocknen lassen. Das Einmachgut warm in die Gläser füllen und mit einem Deckel verschließen.

FOOD FOR FREE

Wildkräutersammeln macht Spaß – es gibt kaum was Schöneres, als essbare Köstlichkeiten aufzuspüren, die absolut kostenlos sind. Eine wunderbare Möglichkeit, die Jahreszeiten richtig kennenzulernen und zu entdecken, dass vielerlei sogenanntes Unkraut in Wirklichkeit essbar ist – und obendrein gut schmeckt.

Viele Rezepte in diesem Buch enthalten Zutaten aus der Natur: von Blumen und Nüssen bis zu Kräutern, Pilzen und Blattgemüse; und dennoch zeigt meine Auswahl nur einen winzigen Teil dessen, was es zu entdecken gibt. Dieser Vorgeschmack wird euch hoffentlich inspirieren, selbst vielerlei Essbares einzusammeln. Geht dabei respektvoll mit der Natur um, zieht Pflanzen nicht mit der Wurzel heraus und seid maßvoll. Außerdem müsst ihr natürlich sicherstellen, dass ihr keine geschützten Pflanzen pflückt. Ein gutes Bestimmungsbuch ist unabdingbar, wenn ihr Wildkräuter identifizieren wollt, und lebensnotwendig, wenn ihr Pilze sammeln möchtet. Es hilft euch, essbare Besonderheiten auf dem Land aufzuspüren – und auch in Städten gibt es überraschend viel zu entdecken.

Grundrezepte und Beilagen

Diese bunt gemischte Rezeptsammlung enthält zweierlei: Einige Rezepte bilden die Grundlage für Gerichte aus den Hauptkapiteln, andere sind Beilagen, die die Speisen aufpeppen und abrunden. Zum Beispiel sollte es in jeder Küche ein Rezept für eine gute Gemüsebrühe geben. Sie ist die Basis für viele Gerichte in diesem Buch und kann portioniert im Gefrierschrank vorrätig gehalten werden. Auf der anderen Seite der Skala steht das koreanische Würzmittel Kimchi, ein geschmacksintensives eingelegtes Gemüse, das wunderbar zu asiatischen Gerichten, Pies oder Käseplatten passt. Außerdem gibt es nützliche Rezepte für Naturjoghurt, Teig, Gewürzmischungen und Salsas, und ihr solltet unbedingt die eingelegten Zitronen ausprobieren.

Dieser leichte, leckere Grundteig eignet sich ideal als Boden oder Deckel für süße und pikante Kuchen. Wenn ihr den Teig lieber etwas gehaltvoller mögt, könnt ihr einfach noch ein Ei unterkneten und die Milch auf 1–2 Esslöffel reduzieren. Für einen süßen Teig gebt ihr am Ende des ersten Rezeptschritts noch 60 g Zucker dazu. In diesem Rezept wird der Teig von Hand geknetet, aber ihr könnt natürlich auch die Knethaken eines Handrührgeräts verwenden.

Mürbeteig

Für: *1 Tarteform (Ø 28 cm)* ***Zubereitung:*** *10 Minuten, plus 30 Minuten Abkühlzeit*

225 g Mehl
1 Msp. Salz
115 g kalte Butter, in kleinen Stückchen
Etwa 60 ml Milch

1. Mehl in eine Schüssel sieben, gut mit dem Salz vermischen. Die Butter zugeben und mit dem Mehl zwischen den Fingerspitzen leicht zerreiben, bis eine krümelige Mischung entstanden ist.

2. Nach und nach die Milch zugeben, bis die Krümel miteinander verkleben, dann schnell zu einem geschmeidigen Teig verkneten. In Frischhaltefolie wickeln, zu einer flachen Scheibe drücken und vor der Weiterverarbeitung 30 Minuten in den Kühlschrank stellen.

Roher Teig hält sich im Gefrierschrank bis zu drei Monate. Die Teigscheibe in einen Gefrierbeutel geben und auf einem kleinen mit Backpapier ausgelegten Blech einfrieren, dann in einen verschließbaren Gefrierbeutel umfüllen.

Dieses Rezept ist nur als allgemeine Richtlinie gedacht, denn Gemüsebrühe könnt ihr mit jedem Gemüse herstellen, das gerade da ist. Wurzelgemüse ist eine gute Basis, aber ihr solltet nicht zu viel von einer Sorte verwenden, da dies dann den Geschmack dominiert. Salz kommt nicht an die Brühe, denn in der Regel verwendet ihr sie ja für ein anderes Rezept, und so lässt sich der Salzgehalt des fertigen Gerichts besser kontrollieren.

Gemüsebrühe

Ergibt: *1,75 Liter* ***Zubereitung:*** *10 Minuten* ***Garzeit:*** *1 Stunde 10 Minuten*

2 EL Olivenöl
2 Zwiebeln, gehackt
2 Stangen Lauch, gehackt
3 Stangen Sellerie, gehackt
3 Möhren, gehackt
1 Weiße Rübe, gehackt
3 Knoblauchzehen, zerdrückt
6 Stängel Petersilie
2 Lorbeerblätter
1 kleine Handvoll Thymianstängel
½ TL Pfefferkörner

1. Das Öl in einem großen Topf langsam erhitzen. Das Gemüse zugeben und halb zugedeckt in 10 Minuten weich dünsten, dabei gelegentlich umrühren. Knoblauch, Petersilie, Lorbeerblätter, Thymian und Pfeffer zugeben.

2. Mit 1,75 Liter Wasser aufgießen und aufkochen, dann die Hitze reduzieren und bei geringer Hitze 1 Stunde köcheln lassen. Durch ein Sieb gießen, die festen Bestandteile aussortieren und die Brühe abkühlen lassen. Im Kühlschrank bis zu einer Woche aufbewahren oder portioniert einfrieren.

Diese Brühe bildet die Grundlage für asiatische Suppen, Currys und Pfannengerichte.

Asiatische Gemüsebrühe

Ergibt: *1,2 Liter* **Zubereitung:** *10 Minuten, plus Zubereitung der Brühe und 1 Stunde Durchziehzeit* **Garzeit:** *10 Minuten*

1,2 l Gemüsebrühe (siehe links)
2 Stängel Zitronengras, zerdrückt
1 lange Zimtstange
2 Stück Sternanis
6 Kardamomkapseln, Samen ausgelöst
6 Nelken
1 Stück Ingwer (ca. 5 cm), in dünnen Scheiben

1. Gemüsebrühe, Zitronengras, Zimt, Sternanis, Kardamomsamen, Nelken und Ingwer in einem großen Topf aufkochen, dann die Hitze reduzieren und halb zugedeckt 10 Minuten köcheln lassen. Vom Herd nehmen und 1 Stunde durchziehen lassen. Dann durch ein Sieb gießen und die festen Bestandteile aussortieren. Für ein beliebiges Rezept verwenden oder die abgekühlte Brühe im Kühlschrank aufbewahren oder einfrieren.

Diese aromatische Gewürzmischung passt wunderbar zu indischen Currys, ganz gleich, ob sie auf einer Basis aus Kokosmilch oder Tomaten zubereitet werden. Die restliche Gewürzmischung in einem verschlossenen Gefäß an einem kühlen, dunklen Ort aufbewahren.

Curry-Gewürzmischung

Für: *4 Currys* **Zubereitung:** *10 Minuten* **Garzeit:** *2 Minuten*

2 EL Koriandersamen
2 TL Kreuzkümmel
2 EL Bockshornklee
12 Kardamomkapseln, Samen ausgelöst
1 TL Nelken
4 getrocknete rote Chilischoten
2 TL Kurkuma
1 TL Zimt

1. Koriander, Kreuzkümmel, Bockshornklee, Kardamomsamen, Nelken und Chili in einer großen Pfanne ohne Fett bei mittlerer Hitze 1–2 Minuten rösten; dabei die Pfanne ab und zu rütteln, bis die Gewürze zu duften beginnen.

2. Gewürze in einen Mörser geben und mit dem Stößel zu Pulver zermahlen; alternativ könnt ihr eine Gewürzmühle verwenden. Kurkuma und Zimt untermischen und die Mischung in einem verschlossenen Gefäß an einem kühlen, dunklen Ort aufbewahren.

Selbstgemachter Joghurt ist nahrhaft, cremig, lecker und viel preiswerter als gekaufter, und ihr braucht nicht mal eine spezielle Maschine dafür, nur ein Küchenthermometer ist empfehlenswert. Wichtig ist auch, dass ihr pingelig auf die Hygiene achtet, alle Utensilien müssen sauber sein, damit der Joghurt nicht verunreinigt wird. Je nach Jahreszeit solltet ihr euch überlegen, wie ihr die Joghurtkulturen am besten warm haltet. Das ist natürlich einfacher, wenn es draußen warm ist, doch in den Wintermonaten könnt ihr euch mit einem Wäscheschrank oder einer Thermoskanne behelfen. Für einen leichteren Joghurt mit niedrigem Fettgehalt einfach halbfette Milch nehmen und die Crème double weglassen.

Vollmilchjoghurt

Ergibt: *Etwa 1000 Gramm* **Zubereitung:** *55 Minuten, plus 8 Stunden Abkühl- und Fermentierzeit* **Garzeit:** *25 Minuten*

1 l Bio-Vollmilch
4 EL Crème double
4 EL Natur- oder Biojoghurt

1. Die Milch in einem großen Topf bei mittlerer Hitze langsam erwärmen, dabei gelegentlich umrühren, bis Blasen an die Oberfläche steigen und das Thermometer 85 °C anzeigt. Die Milch etwa 20 Minuten auf dieser Temperatur halten, bis sich die Menge um ein Viertel reduziert hat; dabei immer wieder umrühren. Möglicherweise müsst ihr die Hitze während dieser Zeit noch etwas herunterregeln.

2. Topf vom Herd nehmen, die Haut, die sich auf der Milch gebildet hat, entfernen und die Crème double einrühren. Die Mischung auf 43 °C abkühlen lassen, dabei gelegentlich umrühren. Das dauert etwa 40–45 Minuten.

3. Den Joghurt in ein sterilisiertes (siehe Seite 11) 1-Liter-Einweckglas geben und ein Viertel der Milchmischung zugeben. So lange verrühren, bis sich alles gut vermischt hat, dann die restliche Milch zugeben und nochmals rühren. Das Glas fest mit dem Deckel verschließen, dann mit Frischhaltefolie umwickeln, in ein Handtuch einschlagen und schließlich in eine dunkle Plastiktüte packen, damit die Mischung warm bleibt. An einem warmen Ort, idealerweise bei 40 °C, 5–8 Stunden ruhen lassen, bis die Masse eingedickt ist. Gut durchrühren und im Kühlschrank auf die richtige Verzehrtemperatur abkühlen lassen. Der Joghurt hält sich bis zu einer Woche.

Aus dem Joghurt könnt ihr auch sehr leckeren Frischkäse herstellen. Dazu 1 Teelöffel Meersalz unterrühren, den Joghurt in ein mit einem dünnen Baumwolltuch ausgelegtes Sieb geben und die Molke über Nacht im Kühlschrank abtropfen lassen.

Wenn ihr gern einmal selbst Käse machen möchtet, dann ist ein einfacher, gepresster Frischkäse für den Anfang genau das Richtige – er ist leicht herzustellen und erfordert keine speziellen Utensilien oder Zutaten. Paneer ist ein leckerer, milchiger, weicher Käse, der oft in indischen Gerichten verwendet wird. Gewürfelt oder zerbröckelt kann er auch über Salate, Pizzas oder Tajines gegeben oder als Füllung für herzhaftes Blätterteiggebäck verwendet werden. Gekaufter Paneer hat in der Regel eine festere Konsistenz und lässt sich gut in der Pfanne braten.

Selbstgemachter Paneer

Ergibt: 450 Gramm **Zubereitung:** 10 Minuten, plus 1 Stunde Abtropfzeit und 1 Stunde Kühlzeit **Garzeit:** 10 Minuten

1 l Vollmilch
2–3 EL Zitronensaft
1 TL feines Meersalz

1. Ein feines Küchensieb mit einem dünnen Baumwolltuch auslegen. Die Milch in einem Topf aufkochen, dann die Hitze reduzieren. 2 Esslöffel Zitronensaft zugeben und rühren, bis sich die Milch in Quark und Molke trennt. Braucht die Milch länger als 1 Minute, um zu gerinnen, den restlichen Zitronensaft unterrühren, um den Prozess zu beschleunigen.

2. Den Topf vom Herd nehmen und die Mischung in das Sieb geben. Den Quark kurz unter fließend kaltem Wasser abspülen, um die säuerlichen Rückstände der Zitrone zu entfernen, dann das Salz untermischen. Die Ecken des Baumwolltuchs hochziehen, zusammendrehen und aus dem Bündel vorsichtig so viel Flüssigkeit wie möglich ausdrücken. Dann die Quarkmasse zu einer flachen Scheibe zusammendrücken und im Sieb über einer großen Schüssel 1 Stunde abtropfen lassen.

3. Wenn der Quark vollständig abgetropft ist, das Bündel auf eine Platte legen und mit Gewicht beschweren. In den Kühlschrank stellen und 1 Stunde ruhen lassen. Der zusammengepresste Käse kann am Stück oder in Würfel geschnitten in einem Behälter mit leicht gesalzenem Wasser bis zu 4 Tage aufbewahrt werden.

Der Zitronensaft in der heißen Milch bringt den Gerinnungsprozess in Gang. Alternativ könnt ihr auch die gleiche Menge Buttermilch oder dicken Vollmilchjoghurt verwenden.

Wenn man Nüsse (und Kerne) röstet, verstärkt man nicht nur ihren Geschmack, sie werden dadurch auch knackiger. Beim Rösten im Backofen erzielt ihr eine gleichmäßigere Färbung und Knusprigkeit als mit dem Rösten in der Pfanne, doch bei kleineren Mengen ist das Rösten in der Pfanne natürlich sinnvoller. Wenn ich im Backofen röste, nehme ich immer eine große Menge Nüsse, um den Platz und die Hitze richtig auszunutzen. In einem luftdichten Behälter halten sie sich etwa eine Woche.

Geröstete Nüsse und Kerne

Ergibt: 2–4 Handvoll **Zubereitung:** 5 Minuten **Garzeit:** 15 Minuten

2–4 Handvoll Nüsse (ohne Schale) oder Kerne nach Belieben

1. Den Backofen auf 180 °C vorheizen. Ein oder zwei Backbleche mit Backpapier auslegen und die Nüsse oder Kerne gleichmäßig darauf verteilen. Die Backbleche in den unteren Teil des Ofens schieben und die Nüsse in 12–15 Minuten (Kerne 6–10 Minuten) rösten, bis sie gleichmäßig gebräunt sind, zwischendurch zweimal wenden. Regelmäßig kontrollieren, da die Nüsse schnell verbrennen können. Bei kleineren Mengen die Nüsse oder Kerne in einer Pfanne mit schwerem Boden gleichmäßig verteilen und ohne Fett bei mittlerer Hitze in 8–10 Minuten (5–7 bei Kernen, 2–3 Minuten bei Samen) rösten, bis sie duften und gleichmäßig gebräunt sind; zwischendurch die Pfanne regelmäßig rütteln. Abkühlen lassen und in einem luftdichten Behälter aufbewahren.

Es lohnt sich, Nüsse und Kerne in größeren Mengen zu kaufen, sofern ihr sie regelmäßig verwendet. Wenn sie in einem Plastikbeutel verpackt sind, füllt ihr sie nach dem Öffnen am besten in einen luftdichten Behälter um und verwahrt sie an einem kühlen Ort, damit sie frisch bleiben – ihr könnt sie sogar im Kühlschrank oder im Gefrierschrank lagern. Vor dem Gebrauch müssen tiefgefrorene Nüsse und Kerne nicht aufgetaut werden.

Mit einem Löffel dieses leicht würzigen Mango-Chutneys lassen sich Currygerichte wunderbar aufpeppen, es schmeckt aber ebenso gut zu Käse und knusprigem Brot. Statt Mango könnt ihr auch Pfirsiche, Nektarinen oder Ananas nehmen; fühlt euch frei, das Rezept zu variieren, je nachdem, welches Obst ihr gerade zur Hand habt.

Mango-Chutney

Ergibt: *300 Milliliter* **Zubereitung:** *10 Minuten* **Garzeit:** *30 Minuten*

1 EL Koriandersamen
1 EL Sonnenblumenöl
1 kleine Zwiebel, fein gehackt
1 grüne Chilischote, fein gehackt
1 Stück Ingwer (ca. 4 cm), geschält und sehr fein gehackt
8 Nelken
1 große reife Mango, geschält, entkernt und gewürfelt
4 EL Weißweinessig
4 EL brauner Zucker
Meersalz und schwarzer Pfeffer

1. Koriandersamen in einer großen Pfanne ohne Fett bei mittlerer Hitze 2 Minuten rösten, bis sie duften. In einem Mörser oder mit einem Nudelholz leicht zerdrücken und beiseitestellen.

2. Das Öl in der Pfanne erhitzen und die Zwiebel darin in 7 Minuten glasig dünsten. Chili, Ingwer und Nelken unterrühren, dann die Mango, 4 Esslöffel Wasser, Essig und Zucker zugeben, alles gut verrühren und 20 Minuten köcheln lassen, bis es eingedickt ist. Mit Salz und Pfeffer würzen, nach Belieben noch mehr Zucker oder Essig untermischen.

3. Das Chutney in sterilisierte (siehe Seite 11) verschließbare Gläser oder ein Schälchen füllen und abkühlen lassen. Es kann sofort verzehrt werden, doch sein Geschmack entfaltet sich erst mit der Zeit. Im Kühlschrank hält sich das Chutney zwei Wochen.

Dieses beliebte würzige eingelegte koreanische Gemüse wird traditionell zu dem Reisgericht Bibimbap serviert (siehe Seite 75), aber ihr könnt auch jedes andere asiatische Reis- oder Nudelgericht damit aufpeppen. Üblicherweise wird Kimchi mit asiatischem Rettich (Daikon oder Mooli) zubereitet, aber Weiße Rüben eignen sich meiner Meinung nach ebenso gut, sind einfacher zu finden und außerdem preiswerter.

Kimchi

Ergibt: 750 Milliliter **Zubereitung:** 2 ½ Tage

165 g Salz, plus Salz zum Bestreuen
750 g Chinakohl, quer halbiert und jeweils in vier Spalten zerteilt, harter Strunk entfernt
375 g Weiße Rübe, geschält und grob geraspelt
3 EL dunkle Sojasauce
2 TL mildes Paprikapulver, Aleppo-Chiliflocken oder Cayennepfeffer
2 EL Gochujang (scharfe koreanische Chilipaste) oder andere scharfe Chilipaste
1 Stück Ingwer (ca. 2,5 cm), ungeschält gerieben
2 Knoblauchzehen, fein gehackt
1 EL Zucker
1 EL Sesamsamen, geröstet
4 Frühlingszwiebeln, in Ringen
1 TL Sesamöl

1. 2 Liter Wasser in eine große Schüssel füllen und das Salz darin auflösen. Etwas Salz zwischen die Kohlblätter streuen, dann den Kohl in das Salzwasser legen und die Schüssel mit einer schweren Platte bedecken, damit der Kohl unter Wasser bleibt. 3 Stunden einweichen lassen, bis die Kohlblätter weich sind und beim Umbiegen nicht brechen.

2. Den Kohl mit einem Schaumlöffel aus dem Wasser nehmen und in ein großes Sieb geben. Dann die geraspelte Rübe in das Salzwasser geben. Den Kohl unter fließend kaltem Wasser gut abspülen (das ist wichtig, sonst wird er zu salzig) und 30 Minuten abtropfen lassen, während die Rübe einweicht.

3. Sojasauce, Paprikapulver, Chilipaste, Ingwer, Knoblauch, Zucker, Sesamsamen, Frühlingszwiebeln und Sesamöl in einer großen Schüssel vermischen.

4. Den Kohl ausdrücken, um überschüssiges Wasser zu entfernen, und mit einem sauberen Geschirrtuch trocken tupfen. In mundgerechte Stücke schneiden und in die Schüssel mit den Gewürzen geben. Die Rübenraspeln abtropfen lassen und gut abspülen, nochmals abtropfen lassen und in einem sauberen Geschirrtuch trocken tupfen. Zum Kohl geben und alles gut vermengen. Kimchi in ein sterilisiertes (siehe Seite 11) Einweckglas füllen und mit der Löffelunterseite herunterdrücken. Mit dem Deckel verschließen und an einem kühlen, dunklen Ort 2 Tage durchziehen lassen, damit die Gewürze ihr Aroma entfalten können; dann in den Kühlschrank stellen. Dort hält es sich mehrere Monate.

Diese pikante, fruchtige Salsa schmeckt wunderbar als Bruschetta-Belag, zu gebackenem oder gegrilltem Gemüse oder als Beilage zu Ziegenkäse-Pfannkuchen (siehe Seite 138).

Granatapfel-Salsa

Für: 4 Personen **Zubereitung:** 15 Minuten **Garzeit:** 35 Minuten

1 EL Olivenöl
1 Zwiebel, fein gehackt
5 Knoblauchzehen, fein gehackt
150 ml Weißweinessig
150 ml Orangensaft, frisch gepresst
40 g brauner Zucker
Kerne von 1 kleinen Granatapfel
2 Handvoll Pistazien, geröstet (siehe Seite 18) und gehackt
25 g Minze, grob gehackt
Meersalz und schwarzer Pfeffer

1. Das Öl in einem Topf erwärmen und die Zwiebel darin 10 Minuten dünsten, bis sie beginnt, leicht zu bräunen. Den Knoblauch zugeben und weitere 2 Minuten dünsten. Essig, Orangensaft und Zucker einrühren, dann bei geringer Hitze 25 Minuten köcheln lassen, bis die Flüssigkeit eine sirupartige Konsistenz angenommen hat; dabei immer wieder umrühren. Mit Salz und Pfeffer kräftig würzen.

2. In eine Schale füllen und etwas abkühlen lassen, dann Granatapfelkerne, Pistazien und Minze unterrühren.

In orientalischen Gemüseläden kann man wunderbar große Bunde frischer Kräuter kaufen, und zwar zu einem Bruchteil des Preises, den man im Supermarkt dafür zahlt. Damit sie auch eine Woche oder länger frisch bleiben, einfach die Stängel mit einem feuchten Stück Küchenpapier umwickeln, mit einem Gummiband fixieren und in einem Plastikbeutel aufbewahren. Alternativ könnt ihr auch die Blättchen von den Stängeln pflücken und separat in Plastikbehältern für den späteren Gebrauch einfrieren.

Diese Sauce taucht in meinen Rezepten immer wieder auf – sie ist ein wunderbares und einfaches Mittel, um Gerichten aller Art noch mehr Geschmack, Textur und Originalität zu verleihen.

Tomaten-Chili-Sauce

Für: 4 Personen **Zubereitung:** 15 Minuten

4 große Strauchtomaten, entkernt und gewürfelt
¼ rote Zwiebel, gewürfelt
2 gehäufte EL Jalapeño-Chilis, gehackt
2 Handvoll Koriander, gehackt
Saft von 1 Limette
2 EL Olivenöl extra vergine
Meersalz und schwarzer Pfeffer

1. Alle Zutaten in einer Schale vermengen. Mit Salz und Pfeffer würzen und zimmerwarm servieren.

Dieser Süßkartoffelbrei mit Kokosmilch und Knoblauch passt wunderbar zu den Eiern mit Zitronengrassauce (siehe Seite 125), kann aber auch mit Omelettstreifen, mariniertem Tofu oder Ofengemüse garniert und serviert werden.

Asiatischer Kartoffelbrei

Für: 4 Personen **Zubereitung:** 15 Minuten **Garzeit:** 15 Minuten

425 g Süßkartoffeln, geschält und in grobe Stücke geschnitten
425 g Kartoffeln, geschält und in grobe Stücke geschnitten
3 Frühlingszwiebeln, gehackt
4 Knoblauchzehen, geschält
100 ml Kokosmilch
Saft von ½ Limette
1 mittelgroße rote Chilischote, entkernt und fein gehackt
Salz und schwarzer Pfeffer

1. Süßkartoffeln, Kartoffeln, Frühlingszwiebeln (ein Drittel der grünen Teile zur Dekoration aufheben) und Knoblauch in einen großen Topf geben, mit siedendem Wasser bedecken und aufkochen. Dann die Hitze etwas reduzieren und 10–15 Minuten halb zugedeckt köcheln lassen, bis die (Süß-)Kartoffeln weich sind. Abgießen und im heißen Topf kurz trocknen lassen.

2. Kokosmilch, Limettensaft und Chili zugeben, mit Salz und Pfeffer würzen und alles zu einem geschmeidigen Brei zerstampfen. Sofort servieren.

Diese krosse Zwiebel-Ingwer-Mischung gibt asiatischen Pfannengerichten, Currys und Salaten einen besonderen Pfiff. Und natürlich müsst ihr euch nicht auf asiatische Gerichte beschränken. Ich würde immer dazu raten, jedes Gericht damit aufzuwerten, zu dem die Mischung eurer Meinung nach passt. Am besten bereitet ihr gleich eine größere Menge zu und bewahrt die Reste in einem luftdichten, mit Küchenpapier ausgelegten Behälter im Kühlschrank auf.

Frittierte Zwiebeln und Ingwer

Für: *6–8 Personen* ***Zubereitung:*** *10 Minuten* ***Garzeit:*** *11 Minuten*

250 ml Sonnenblumenöl
2 Zwiebeln, halbiert und in dünne Halbmonde geschnitten
1 Stück Ingwer (ca. 10 cm), geschält und in dünne Streifen geschnitten

1. Das Öl in einer tiefen Pfanne mit schwerem Boden erhitzen. Zwiebeln zugeben und in 6–8 Minuten goldgelb frittieren. Beim Abkühlen werden sie noch knuspriger. Zwiebeln mit einem Schaumlöffel herausheben und auf einer doppelten Lage Küchenpapier abtropfen lassen.

2. Ingwer in der Pfanne in 3 Minuten goldbraun braten. Dann abtropfen lassen und mit den Zwiebeln vermengen. Mischung vor dem Verzehr abkühlen lassen.

Eingelegte Zitronen sind oft unglaublich teuer, wenn man sie fertig kauft. Da ich keine Lust hatte, so tief in die Tasche zu greifen oder ein halb volles Glas im Kühlschrank stehen zu haben, wollte ich unbedingt die selbstgemachte Variante eines Freundes ausprobieren – und das Ergebnis war großartig! Normalerweise werden die Zitronen monatelang eingelegt, diese hier jedoch benötigen nur ein paar Minuten und bekommen trotzdem diesen wunderbar salzig-zitronigen Geschmack, der die traditionelle Version ausmacht.

Schnell eingelegte Zitronen

Ergibt: 200 Milliliter **Zubereitung:** 10 Minuten, plus Abkühlzeit **Garzeit:** 15 Minuten

6 Bio-Zitronen
1 ½ TL Meersalz

1. Die Zitronen mit einem Sparschäler schälen, dann den Saft auspressen und mögliche Kerne entfernen. Zitronenschalen und -saft mit dem Salz in einen kleinen Edelstahltopf geben und langsam zum Kochen bringen. Dann die Hitze reduzieren und 10–12 Minuten köcheln lassen, bis die Zitronenschalen weich sind und der Saft etwas eingekocht ist.

2. In eine Schale geben und abkühlen lassen. Eingelegte Zitronen gleich weiterverwerten oder in einen luftdichten Behälter füllen und im Kühlschrank bis zu zwei Wochen aufbewahren.

Holunderblüten haben eine relativ kurze Lebensdauer, deshalb solltet ihr die Gelegenheit nutzen und sie zum Kochen verwenden. Ein Löffel dieses hellen, zart duftenden Sirups gibt Marinaden und Salatsaucen eine süßliche Note, kann aber auch zum Pochieren von Birnen (siehe Seite 132) oder anderem Obst benutzt werden. Mit Mineralwasser verdünnt wird ein erfrischendes Sommergetränk daraus.

Holunderblütensirup

Ergibt: *Etwa 1 Liter* **Zubereitung:** *15 Minuten, plus 3 Tage Durchziehzeit*
Garzeit: *10 Minuten*

23 schöne Holunderblütendolden
Saft und Abrieb von 5 Bio-Zitronen
1 kg Zucker

1. Holunderblütendolden schütteln, um sie von Schmutz oder kleinen Käfern zu befreien. Dann die Blüten von den Stängeln pflücken und mit Zitronensaft und -schale in eine große, hitzebeständige Schale geben.

2. In der Zwischenzeit 1 Liter Wasser in einem Topf aufkochen. Den Zucker einrühren, bis er sich aufgelöst hat, dann 6–8 Minuten kochen lassen, bis ein heller Sirup entstanden ist.

3. Den Sirup über die Blüten gießen, alles gut vermengen und zugedeckt 3 Tage durchziehen lassen. Dann durch ein Sieb gießen und den Sirup in sterilisierte (siehe Seite 11) Flaschen füllen. Er hält sich im Kühlschrank bis zu einem Monat.

Kapitel 1

Eine Dose Bohnen (und andere Hülsenfrüchte)

Es gibt kein bescheideneres Nahrungsmittel als die Bohne, aber die Rezepte hier zeigen, dass man mit diesem einfachen, unprätentiösen Gemüse echte Köstlichkeiten kreieren kann: würzige Schwarze-Bohnen-Tortillas mit spritziger Limettencreme, eine nahrhafte Tajine mit Linsen, Datteln und eingelegter Zitrone sowie ruckzuck zubereitetes Edamame-Wasabi-Hummus – und das ist nur ein kleiner Vorgeschmack ... Alle Rezepte geben Hinweise für den Gebrauch von getrockneten Bohnen und Bohnen aus der Dose, so könnt ihr aus dem, was ihr habt, viel machen.

Chinesische fermentierte schwarze Bohnen gibt es in asiatischen Lebensmittelgeschäften. Sie sind preiswert und haben ein Aroma, das ihr so schnell nicht vergessen werdet. Überschüssige Bohnen halten sich in einem luftdichten Behälter im Kühlschrank monatelang. Damit aus dieser Suppe eine vollständige Mahlzeit wird, könnt ihr einfach gekochte Nudeln oder Reis hineingeben.

Orientalische Suppe mit schwarzen Bohnen

Für: *4 Personen* ***Zubereitung:*** *15 Minuten, plus Zubereitung der Brühe und 30 Minuten Einweich- und Durchziehzeit* ***Garzeit:*** *10 Minuten*

1 l Gemüsebrühe (siehe Seite 14)
2 Stück Sternanis
1 Stück Ingwer (ca. 2,5 cm), geschält und in Scheiben geschnitten
2 EL Sojasauce
2 Knoblauchzehen, halbiert
4 EL chinesische fermentierte schwarze Bohnen
200 g Shiitakepilze oder braune Champignons, in dünnen Scheiben
1 lange rote Chilischote, entkernt und in feine Ringe geschnitten
2 große Handvoll Babyspinat
100 g Zuckerschoten, schräg in Stücke geschnitten

ZUM SERVIEREN
2 TL geröstetes Sesamöl
2 Eier, leicht verquirlt
1 kleine Handvoll Sojasprossen
2 Frühlingszwiebeln, schräg in dünne Ringe geschnitten
1 EL ungesalzene Erdnüsse, geröstet und gehackt

1. Die Brühe mit Sternanis, Ingwer, Sojasauce und Knoblauch in einen großen Topf geben. Bei mittlerer Hitze aufkochen, dann vom Herd nehmen und zugedeckt 30 Minuten durchziehen lassen. Anschließend die Gewürze mit einem Schaumlöffel herausnehmen.

2. In der Zwischenzeit die schwarzen Bohnen in ein Schälchen geben, mit 200 Millilitern siedendem Wasser bedecken und 30 Minuten einweichen lassen. Bohnen abgießen und das Einweichwasser für ein anderes Rezept aufheben; dann die Bohnen mit den Pilzen und der Hälfte des Chilis zu der Brühe geben. Aufkochen, anschließend die Hitze reduzieren und 1 Minute lang köcheln lassen. Spinat und Zuckerschoten unterrühren und nochmals 3 Minuten köcheln lassen.

3. Währenddessen ein Omelett zubereiten. Dazu das Sesamöl in einer großen Pfanne erhitzen, die Eier hineingeben, die Pfanne schwenken, bis die Eiermasse den ganzen Boden bedeckt, und 2 Minuten garen, bis das Ei gestockt ist. Omelett aufrollen, auf ein Küchenbrett heben und quer in dünne Streifen schneiden. Die Suppe mit Omelettstreifen, Sojasprossen, dem restlichen Chili, Frühlingszwiebeln und Erdnüssen garnieren.

Die Einweichflüssigkeit der schwarzen Bohnen in einen Eiswürfelbehälter füllen und einfrieren. Die fertigen Eiswürfel in einen verschließbaren Gefrierbeutel geben und bis zum Gebrauch im Gefrierschrank verwahren.

Chinesische schwarze Bohnen braucht ihr auch für den Salat mit schwarzen Bohnen und Mozzarella (siehe Seite 151).

Um **Sprossen zu züchten**, müsst ihr das Saatgut 12 Stunden lang in Wasser einweichen; Wasser abgießen, das Saatgut in ein sauberes Marmeladenglas füllen. Mit einem dünnen Baumwolltuch abdecken, dieses mit einem Gummiband fixieren, an einen geschützten Ort stellen. Zweimal täglich mit kaltem Wasser abspülen (Tuch nicht entfernen), abgießen. Die Sprossen erreichen eine Länge von etwa 2,5 cm und halten sich im Kühlschrank bis zu einer Woche.

Löwenzahn

gedeiht üppig und kann zu jeder Jahreszeit gesammelt werden, doch ich verwende am liebsten die jungen Frühlingstriebe, da sie weniger bitter schmecken. Sucht euch zum Sammeln eine Stelle, die nicht durch Autos, Hunde oder Ähnliches verunreinigt ist, und pflückt immer die unteren Blätter. Und nicht vergessen: Löwenzahn vor dem Gebrauch immer sorgfältig putzen und waschen.

Im süditalienischen Apulien ist dieses Püree aus Fava-Bohnen (getrocknete dicke Bohnen) im Winter ein Grundnahrungsmittel und beliebtes Antipasto. Es wird aus saisonalen Zutaten hergestellt und ist auf frischem Brot ein echter Genuss, eignet sich aber auch bestens als Beilage. Die Apulier servieren es mit bitterem grünem Blattgemüse, etwa wildem Chicorée, aber ihr könnt auch Spinat, Rucola, Wilde Rübe, Brennnesseln oder Wilden Brokkoli verwenden. Ich nehme am liebsten eine Mischung aus jungem Löwenzahn und Rübenblättern.

Fava-Bohnen-Püree

Für: *4–6 Personen* ***Zubereitung:*** *15 Minuten, plus 1 Nacht Einweichzeit*
Garzeit: *1 Stunde*

200 g gespaltene Fava-Bohnen, über Nacht eingeweicht, abgegossen und abgespült
300 g Kartoffeln, geschält und in dicke Scheiben geschnitten
75 g junge Löwenzahnblätter, grob gehackt
100 g Rübenblätter, harte Stiele entfernt, Blätter zerpflückt
Saft von ½ Zitrone
5 EL Olivenöl extra vergine, plus Olivenöl zum Beträufeln
Meersalz und schwarzer Pfeffer

ZUM SERVIEREN
4–8 dicke Scheiben Landbrot
2 Knoblauchzehen, halbiert
4 Rispen reife Cherrytomaten

1. Fava-Bohnen in einem großen Topf mit reichlich kaltem Wasser bedecken. Aufkochen, dann die Hitze etwas reduzieren und 40 Minuten köcheln lassen. Bohnen abgießen und mit den Kartoffeln in den Topf zurückgeben. Mit Wasser bedecken und aufkochen, dann die Hitze reduzieren und etwa 20 Minuten köcheln lassen, bis Kartoffeln und Bohnen weich sind.

2. In der Zwischenzeit den Löwenzahn und die Rübenblätter mit etwas Wasser in einen Topf geben. Eine große Prise Salz zufügen und zugedeckt bei geringer Hitze in 3 Minuten weich dünsten; dabei ab und zu umrühren, damit die Blätter gleichmäßig garen. Bittere Flüssigkeit abgießen, nochmals etwas Wasser zugeben und ohne Deckel weitere 2 Minuten kochen, bis die Blätter sehr zart sind und das Wasser verdampft ist. Eventuell verbliebene Flüssigkeit abgießen und das Gemüse beiseitestellen.

3. Bohnen und Kartoffeln abgießen (das Kochwasser aufheben) und wieder in den Topf geben. Mit Salz und Pfeffer kräftig würzen und mit einem Kartoffelstampfer zerdrücken, dabei den Zitronensaft und ein wenig Kochwasser untermengen, bis ein lockeres Püree entstanden ist. Olivenöl einarbeiten, bis es sich gut mit dem Püree verbunden hat. In eine Schale umfüllen und mit etwas Öl beträufeln. Das Brot rösten und jede Scheibe von einer Seite mit dem aufgeschnittenen Knoblauch einreiben. Das warme Fava-Bohnen-Püree mit dem Blattgemüse garnieren, nochmals mit ein wenig Öl beträufeln und mit Knoblauchbrot und Tomaten servieren.

Übrig gebliebenes Püree könnt ihr mit 1 verquirlten Ei vermengen und zu Bratlingen formen. Bratlinge kurz in Mehl wälzen und in Sonneblumenöl knusprig ausbraten.

Es ist sehr praktisch, einen Beutel tiefgefrorene Edamame (Sojabohnen) vorrätig zu haben, denn man kann sie wunderbar für Pfannengerichte, Suppen oder Salate verwenden oder – wie hier – pürieren und zu einem Dip verarbeiten. Statt mit Wasabi könnt ihr das Püree auch mit etwas mehr Tahin, gemahlenem Koriander und Kreuzkümmel sowie ein wenig Harissa würzen, so wird ein Hummus marokkanischer Art daraus. Um die asiatische Note hervorzuheben, serviert ihr das Hummus am besten mit Wantan-Chips.

Edamame-Wasabi-Hummus

Für: *4–6 Personen* **Zubereitung:** *10 Minuten, plus Abkühlzeit* **Garzeit:** *5 Minuten*

150 g Edamame-(Soja-)Bohnen (TK)
2 TL Wasabi-Paste
Saft von 1 ½ Limetten
2 EL Olivenöl, plus Olivenöl zum Braten
1 EL helle Tahin
1 EL Schnittlauchröllchen
1 EL Sesamsamen, geröstet (siehe Seite 18), plus Sesamsamen zum Bestreuen
Meersalz und frisch gemahlener schwarzer Pfeffer
8–12 Wantanblätter zum Braten und Servieren

1. Edamame in reichlich Salzwasser in 5 Minuten weich kochen, dann im Kochwasser abkühlen lassen. Abgießen und 4–6 Esslöffel Kochwasser aufheben.

2. Eine Handvoll Bohnen beiseitelegen, die restlichen Bohnen mit Wasabi, Limettensaft, Öl, Tahin und dem aufgehobenen Kochwasser in einem Mixer oder mit einem Stabmixer zu einer groben Paste verarbeiten. Hummus in ein Servierschälchen füllen und mit Salz und Pfeffer würzen. Mit den übrigen Bohnen, Schnittlauch und Sesam garnieren und zimmerwarm servieren.

3. Für die Wantan-Chips den Boden einer großen Pfanne mit Öl bedecken und langsam erhitzen. Wantans portionsweise 1–2 Minuten von jeder Seite knusprig und goldbraun braten. Auf Küchenpapier abtropfen lassen, sofort mit Salz und Pfeffer würzen und mit Sesam bestreuen.

Der Hummus eignet sich auch prima als Füllung für Wantan-Ravioli (siehe Seite 59).

Bevor ihr den Saft der Limetten auspresst, reibt vorsichtig die Schale ab und gebt sie in einen kleinen, luftdichten Behälter. So hält sie sich im Gefrierschrank bis zu drei Monate. Wann immer ihr Limettenschale benötigt, könnt ihr sie direkt in gefrorenem Zustand verwenden. Auf dieselbe Weise kann Orangen- und Zitronenschale aufbewahrt werden.

Wer einmal die Kerne von Squash-Kürbissen probiert hat, wird sie nie wieder wegwerfen. Sie erinnern an die der großen Kürbisse. Geröstet könnt ihr sie über diesen nordafrikanisch inspirierten Salat streuen; mit ein wenig Sojasauce besprenkelt sind sie ein leckerer Snack.

Salat mit Linsen, Kürbis und Kichererbsen

Für: 4 Personen **Zubereitung:** 20 Minuten **Garzeit:** 50 Minuten

6 EL Olivenöl extra vergine
3 gehäufte TL Harissa
1 kleiner Butternut-Kürbis, geschält, Kerne aufbewahrt, Fleisch in mundgerechte Würfel geschnitten
2 rote Zwiebeln, jeweils in 8 Spalten zerteilt
125 g abgetropfte Kichererbsen (Dose) oder gekochte getrocknete Kichererbsen (siehe Seite 8–9)
250 g getrocknete Puy-Linsen
½ TL Kreuzkümmel
1 Handvoll Petersilie, gehackt
1 Handvoll Koriander, gehackt
Saft und Abrieb von 1 großen Bio-Zitrone
125 g Ziegenkäse, zerbröckelt
Meersalz und schwarzer Pfeffer

1. Den Backofen auf 200 °C vorheizen. 2 Esslöffel Öl mit der Hälfte des Harissa in einer großen Schüssel verrühren. Mit Salz und Pfeffer würzen, Kürbis und Zwiebeln zugeben und alles gut vermengen. Dann auf einem Backblech gleichmäßig verteilen.

2. Die Kürbiskerne waschen, mit den Kichererbsen in eine Schale geben. 1 Esslöffel Öl und das restliche Harissa zugeben, alles gut vermengen und auf einem zweiten Backblech verteilen. Beide Bleche in den Ofen schieben und das Gemüse 35–40 Minuten backen, zwischendurch einmal wenden, bis Kürbis und Zwiebeln weich und Kichererbsen und Kürbiskerne knusprig sind.

3. In der Zwischenzeit die Linsen in einem Topf mit reichlich kaltem Wasser bedecken und aufkochen. Die Hitze reduzieren und die Linsen halb zugedeckt in 25 Minuten weich köcheln. Abgießen und in eine Servierschale füllen. Kürbis, Zwiebeln, Kreuzkümmel und Kräuter untermengen. Das restliche Öl mit Zitronensaft und -abrieb verrühren, mit Salz und Pfeffer würzen und über den Salat geben. Alles gut vermengen, dann mit Ziegenkäse, Kichererbsen und 2 Esslöffeln Kürbiskernen bestreuen.

Wer Zeit sparen will, kocht gleich eine größere Menge Kichererbsen (siehe Seite 8–9) und bewahrt die überschüssigen bis zu 3 Tage im Kühlschrank oder bis zu 3 Monate im Gefrierschrank auf. Sie können in gefrorenem Zustand für Suppen, Eintöpfe oder Saucen verwendet werden.

Viele meiner Rezepte entstehen aus der Not heraus, die bunt zusammengewürfelten Zutaten in meinem Kühl- oder Vorratsschrank verwerten zu müssen – dieses ist eines davon. Im Schrank lagerten schon seit Längerem ein Päckchen getrocknete grüne Linsen und ein paar verzehrfertige getrocknete Datteln, die dringend verbraucht werden mussten. Außerdem hatte ich von einem Freund ein Rezept für blitzschnell eingelegte Zitronen bekommen, das ich unbedingt ausprobieren wollte. Fertig gekauft sind eingelegte Zitronen sündhaft teuer, und diese Variante ist eine unglaublich einfache und preiswerte Alternative.

Tajine mit Linsen, Datteln und eingelegter Zitrone

Für: 4–6 Personen **Zubereitung:** 20 Minuten, plus Zubereitung der Brühe
Garzeit: 35 Minuten

1 EL Olivenöl
1 große Zwiebel, gehackt
3 Möhren, längs halbiert und in mundgerechte Stücke geschnitten
2 Weiße Rüben, geschält und in mundgerechte Stücke geschnitten
3 Knoblauchzehen, gehackt
2 TL Koriandersamen
2 Zimtstangen
2 TL gemahlener Kreuzkümmel
1 TL Kurkuma
½ TL gemahlener Ingwer
½ TL getrocknete Chiliflocken
140 g getrocknete grüne Linsen
875 ml Gemüsebrühe (siehe Seite 14)
115 g verzehrfertige entsteinte getrocknete Datteln, halbiert
1 EL eingelegte Zitronen (siehe Seite 24)
Meersalz und schwarzer Pfeffer
1 Handvoll Koriander, gehackt, und Couscous zum Servieren

1. Das Öl in einem großen Topf langsam erhitzen und die Zwiebel darin in 5 Minuten glasig dünsten. Die Hitze etwas reduzieren, Möhren, Rüben, Knoblauch und Koriander zugeben und halb zugedeckt weitere 5 Minuten dünsten; dabei regelmäßig umrühren, bis die Möhren anfangen, weich zu werden.

2. Zimtstangen, gemahlene Gewürze und Chiliflocken einrühren, dann die Linsen zufügen. Mit heißer Gemüsebrühe auffüllen, alles gut verrühren und aufkochen. Dann bei geringer Hitze halb zugedeckt 15 Minuten köcheln lassen, bis die Linsen fast weich sind.

3. Datteln und eingelegte Zitronen unterrühren und zugedeckt etwa 10 Minuten garen, bis die Linsen weich sind. Bei Bedarf noch etwas Wasser oder Gemüsebrühe zugeben. Mit Salz und Pfeffer würzen, mit Koriander garnieren und in Schalen mit Couscous servieren.

Warum Bohnenpüree in der Dose kaufen, wenn man es selbst viel günstiger herstellen kann und es dann außerdem viel besser schmeckt? Vier abgepackte kleine Avocados sind in der Regel preiswerter als einzeln gekaufte und haben außerdem genau die richtige Größe für einen Salat.

Tortillas mit Limettencreme

Für: 4 Personen **Zubereitung:** 15 Minuten **Garzeit:** 10 Minuten

300 g abgetropfte schwarze Bohnen (Dose), Flüssigkeit aufheben, oder gekochte getrocknete Bohnen (siehe Seite 8–9), 4 EL Kochwasser aufheben
½ rote Zwiebel, halbiert
1 große Knoblauchzehe, geschält
Saft von ½ Limette
2 EL Olivenöl
2 TL Chipotle-Paste
1 TL gemahlener Kreuzkümmel
1 TL gemahlener Koriander
4 weiche Maistortillas
½ Roma-Salat, zerpflückt
2 kleine Avocados, entsteint, geschält und in Streifen geschnitten
125 g Feta, zerbröckelt
Meersalz und schwarzer Pfeffer
1 Rezeptmenge Tomaten-Chili-Sauce (siehe Seite 22), zum Servieren

FÜR DIE LIMETTENCREME
100 ml Crème fraîche
Abrieb von ½ Bio-Limette

1. Für die Limettencreme die Zutaten gut vermischen, kalt stellen.

2. Die Hälfte der schwarzen Bohnen mit Zwiebel, Knoblauch, Limettensaft und 4 EL der abgegossenen Bohnenflüssigkeit pürieren, sodass eine grobe Paste entsteht. Dann mit 1 Esslöffel Öl, den restlichen Bohnen, Chilipaste, Kreuzkümmel und Koriander in eine Pfanne geben. Mit Salz und Pfeffer würzen, gut verrühren und bei mittlerer Hitze 5 Minuten erwärmen.

3. In der Zwischenzeit das restliche Öl in einer separaten Pfanne erhitzen und die Tortillas darin einzeln von jeder Seite 1 Minute backen. Je 1 Tortilla auf einen Teller legen und mit Salat, Bohnenpüree, Avocados und Feta belegen. Mit Tomaten-Chili-Sauce und Limettencreme servieren.

Beim Kochen von getrockneten Bohnen ist es ratsam, einen 13 cm langen Streifen Kombu (getrockneter japanischer Seetang) mit ins Kochwasser zu geben. Kombu bricht die stärkehaltigen Kohlenhydrate in den Bohnen auf, dadurch wird die äußere Hülle weicher und die Bohnen bekommen eine cremigere, zartere Konsistenz.

Wenn ihr Erinnerungen an glitschig-mehlige weiße Bohnen in der Schulkantine habt, solltet ihr die ganz schnell vergessen und diesen sommerlichen Eintopf probieren. Eines meiner Lieblingsgewürze ist scharf geräuchertes Paprikapulver – es kommt nicht nur meiner Vorliebe für Chili-Schärfe entgegen, sein wunderbar rauchiges Aroma gibt einem Gericht auch den vollendeten Geschmack.

Weiße Bohnen spanische Art

Für: 4 Personen **Zubereitung:** 15 Minuten, plus Zubereitung der Brühe
Garzeit: 45 Minuten

3 EL Olivenöl extra vergine
1 große Zwiebel, gehackt
3 große Knoblauchzehen, in feinen Scheiben
1 große rote Paprikaschote, vom Kerngehäuse befreit und gehackt
2 Zucchini, in dicke Scheiben geschnitten, dann jeweils geviertelt
170 ml trockener Weißwein oder Gemüsebrühe
500 ml passierte Tomaten
150 ml Gemüsebrühe (siehe Seite 14)
1 TL Zucker
300 g abgetropfte weiße Bohnen (Dose) oder gekochte getrocknete Bohnen (siehe Seite 8–9)
2 Lorbeerblätter
1 EL frischer Thymian oder 2 TL getrockneter Thymian
1–2 TL scharf geräuchertes Paprikapulver
3 Handvoll Grünkohl oder Schwarzkohl, harte Stiele entfernt, Blätter zerpflückt
Meersalz und schwarzer Pfeffer
Sauerrahm und frisches Brot, zum Servieren

1. Das Öl in einem großen Topf erhitzen und die Zwiebel darin in 6 Minuten glasig dünsten. Knoblauch, Paprika und Zucchini zufügen und weitere 5 Minuten dünsten, bis das Gemüse bissfest ist.

2. Mit Wein aufgießen, so lange kochen, bis sich die Flüssigkeit um die Hälfte reduziert hat. Passierte Tomaten und Gemüsebrühe zugeben und nochmals aufkochen. Zucker, weiße Bohnen, Lorbeerblätter, Thymian und Paprikapulver unterrühren und 30 Minuten köcheln lassen, bis die Sauce eingedickt ist.

3. Den Grünkohl einrühren, mit Salz und Pfeffer würzen und 3 Minuten kochen, bis die Blätter weich sind. Mit einem Klecks Sauerrahm und frischem Brot servieren.

Ihr spart Zeit und Platz im Gefrierschrank, wenn ihr Eintöpfe, Suppen, Saucen und Currys flach einfriert. Einmal abgekühlt, einfach in einen verschließbaren Gefrierbeutel füllen und auf einem Brettchen oder kleinen Blech einfrieren. Zum Auftauen einige Sekunden unter heißes Wasser halten, dann den Beutelinhalt zum Aufwärmen in einen Topf geben.

Zucchini könnt ihr in Töpfen anbauen. Die Samen im Frühjahr drinnen aussähen und die jungen Pflanzen auspflanzen, sobald das Frostrisiko gebannt ist. Weibliche Pflanzen haben eine kleine Ausbeulung hinter der Blüte, aus der die Zucchini wächst; männliche produzieren nur Blüten. Werft die Blüten nicht weg – erntet sie früh am Tag, entfernt die Staubgefäße, füllt sie mit Ricotta und bratet sie dann, eingehüllt in einen leichten Tempurateig.

Tofu

ist nicht jedermanns Sache, aber wenn ihr ihn wie eine weiße Leinwand behandelt und mutig mit Gewürzen und Textur experimentiert, könnt ihr etwas sehr Besonderes daraus machen. Ganz wichtig ist es, Tofu gut abtropfen zu lassen und mit Küchenpapier trocken zu tupfen, sofern ihr eure Marinade nicht mit überschüssigem Wasser verdünnen oder eine leckere Kruste aufweichen wollt. Verwendet eine kräftige Marinade oder wendet den Tofu in Maismehl, Teig oder Semmelbröseln, damit er eine knusprige Hülle bekommt. Was ich an Tofu mag? Er ist ein großartiger Geschmacksträger und lässt sich problemlos mit unterschiedlichen Kochrichtungen verbinden: Er passt perfekt in asiatische Gerichte, aber auch in westliche Speisen auf Tomatenbasis sowie in herzhafte Suppen. Auf jeden Fall solltet ihr geräucherten Tofu probieren (besonders gut ist der mit Sesamsamen), Seidentofu, den man pürieren und für cremige Saucen verwenden kann, und goldbraun gebratenen Tofu, der kaum einer Verschönerung bedarf.

In Rosmarin und Knoblauch marinierte Tofuscheiben werden in Semmelbröseln gewälzt, knusprig gebraten und dann mit einer würzigen Sauce serviert. Jedes altbackene Brot (mit Kruste) kann zu Semmelbröseln zermahlen werden; ich habe immer einen Vorrat davon im Gefrierschrank.

Tofuschnitzel mit Salsa

Für: *4 Personen* ***Zubereitung:*** *20 Minuten, plus 1 Stunde Marinierzeit*
Garzeit: *12 Minuten*

450 g fester Tofu, abgetropft, trocken getupft und in acht 1 cm dicke Scheiben geschnitten
2 Eier
75 g Semmelbrösel oder japanisches Panko-Mehl
Abrieb von 1 großen Bio-Zitrone
5 EL Sonnenblumenöl
Meersalz und schwarzer Pfeffer

FÜR DIE MARINADE
2 EL Olivenöl extra vergine
2 große Knoblauchzehen, zerdrückt
1 gehäufter EL Rosmarin, fein gehackt

ZUM SERVIEREN
100 g abgetropfte Flageolet-Bohnen (Dose) oder gekochte getrocknete Bohnen (siehe Seite 8–9)
1 Rezeptmenge Tomaten-Chili-Salsa (siehe Seite 22)
Saft von 1 großen Bio-Zitrone
Rucolasalat

1. Für die Marinade alle Zutaten miteinander verrühren und mit Salz und Pfeffer kräftig würzen. Den Tofu in einen tiefen Teller legen, die Marinade darübergeben und Tofu von beiden Seiten damit einstreichen. Zugedeckt 1 Stunde marinieren.

2. In der Zwischenzeit die Flageolet-Bohnen in die Salsa rühren, dabei Zitronensaft statt (wie im Salsa-Rezept angegeben) Limettensaft verwenden.

3. Die Eier in einem tiefen Teller verquirlen. Semmelbrösel und Zitronenabrieb in einem zweiten Teller vermischen und mit Salz und Pfeffer würzen. Das Öl in einer großen Pfanne langsam erhitzen. Tofuscheiben erst in der Eiermasse, dann in den Semmelbröseln wenden, bis sie rundum eingehüllt sind. Dann von jeder Seite in 3 Minuten goldgelb braten (wenn nötig in zwei Portionen). Auf Küchenpapier abtropfen lassen und mit Salsa und Rucolasalat servieren.

Abbildung auf Seite 41.

Salat mit Räuchertofu und Mango

Bei diesem frischen, asiatisch inspirierten Salat beginnt ihr am besten mit dem Dressing. Dazu **5 EL Olivenöl** mit **dem Saft von 1 Limette** und **2 TL fein gehacktem Ingwer** vermengen und mit **Salz** und **Pfeffer** würzen. **2 Handvoll Rucola** und **1 grob zerpflücktes kleines Salatherz** auf einer Servierplatte verteilen, **½ gewürfelte rote Zwiebel, 6 dünn geschnittene Radieschen, 1 entkernte, fein gehackte mittelgroße rote Chilischote** und **1 geschälte, gewürfelte Mango** darüber verteilen. **1 EL Olivenöl** in einer großen Pfanne erhitzen und **350 g gewürfelten Räuchertofu** darin in 3 Minuten goldbraun braten, dabei einmal wenden. Das Dressing über den Salat geben und alles gut vermengen, dann den Räuchertofu darübergeben und mit **1 kleinen Handvoll zerpflücktem Koriander** und **Schnittlauchröllchen** garnieren.

Thai-Tofu

3 EL Maismehl, 1 EL Thai-7-Spices-Gewürzmischung, 1 TL mild geräuchertes Paprikapulver, Salz und **Pfeffer** in einem großen flachen Teller vermischen. **450 g Tofu,** in acht 1 cm dicke Scheiben geschnitten, in der Maismehlmischung wenden, bis er ganz umhüllt ist. **150 ml Sonnenblumenöl** in einer großen Pfanne erhitzen. Den Tofu darin von jeder Seite in 3–4 Minuten goldbraun braten. Auf Küchenpapier abtropfen lassen. Mit **2 gehackten Frühlingszwiebeln, 2 EL gehacktem Koriander** und **1 entkernten, gehackten langen roten Chilischote** garnieren und servieren.

Banh-Mi-Tofu-Baguette

Für dieses franko-vietnamesische Baguette **3 EL Reisessig** mit **2 TL Honig** in einer Schale verrühren, **1 geriebene Möhre** und **5 cm entkernte, geraspelte Gurke** untermengen. **2 TL scharfe Chilisauce** mit **2 EL Sojasauce** in einem Teller verrühren. **300 g Tofu,** in vier 1,5 cm dicke Scheiben geschnitten, darauf verteilen, mit **Salz** und **Pfeffer** würzen und den Tofu in der Marinade wenden. Gemüse und Tofu mindestens 30 Minuten marinieren lassen. Dann den Tofu mit **4 EL Sonnenblumenöl** von jeder Seite in 3 Minuten knusprig braten. **4 kleine Baguettes** mit **Mayonnaise** bestreichen, mit **Salatblättern**, der abgetropften Möhren-Gurken-Mischung und dem Tofu belegen und **einige Korianderblätter** sowie nach Belieben etwas Chilisauce darübergeben.

Kapitel 2

Eine Packung Pasta (und asiatische Nudeln)

So einfach, so wandlungsfähig, so preiswert: Eine Packung Pasta ist die perfekte Grundlage für viele fleischlose Gerichte. In diesem Kapitel bildet sie das Herzstück der Linguine Carbonara mit knusprigen Kapern, der Tagliatelle mit Spargel und Bärlauchpesto und der Orzo mit Steinpilzen und Wilder Rübe. Nicht zu vergessen die asiatischen Nudeln, die ebenso vielfältig sind. Etwa Wantan-Ravioli mit Rucola als Vorspeise, Pho mit Grünkohlchips und birmanisches Curry mit Soba-Nudeln und Tofu – alles völlig unterschiedliche Gerichte, die aber um ein gemeinsames Thema kreisen.

Diese provenzalische Suppe ist unter dem Namen Pistou bekannt. Sie eignet sich wunderbar, um angebrochene Nudelpackungen aufzubrauchen, die für eine ganze Mahlzeit nicht mehr ausreichen, aber natürlich zu schade zum Wegwerfen sind. Das Gemüse könnt ihr frei variieren, je nachdem, was gerade da ist, und die Basilikumsauce lässt sich ebenso gut mit einer Kräutermischung, zum Beispiel mit Oregano, Thymian, Majoran und Rucola, herstellen.

Provenzalische Suppe

Für: *4 Personen* ***Zubereitung:*** *15 Minuten, plus Zubereitung der Brühe*
Garzeit: *20 Minuten*

1 gehäufter EL Butter
2 Stangen Lauch, in Ringen
2 Möhren, gewürfelt
1 Stange Sellerie, in Scheiben
1 Knolle Fenchel, in Streifen
1 Bouquet garni, aus 1 Lorbeerblatt und einigen Stängeln Thymian und Petersilie
1 l Gemüsebrühe (siehe Seite 14)
75 g Spaghettini oder andere Pasta nach Belieben
235 g weiße Bohnen (Dose) oder gekochte getrocknete Bohnen (siehe Seite 8–9)
2 Zucchini, längs geviertelt und in Scheiben geschnitten
55 g frische Erbsen oder TK, aufgetaut
4 dicke Scheiben Landbrot vom Vortag

FÜR DIE BASILIKUMSAUCE
4 große Handvoll Basilikum, gehackt, plus Basilikum zum Servieren
2 Knoblauchzehen
6 EL Olivenöl extra vergine
6 EL Parmesan, fein gerieben, plus Parmesan zum Servieren
Meersalz und schwarzer Pfeffer

1. Die Butter in einem großen Topf zerlassen. Lauch, Möhren, Sellerie, Fenchel und das Bouquet garni zugeben und in 10 Minuten weich dünsten; dabei regelmäßig umrühren.

2. Mit Gemüsebrühe aufgießen und zum Kochen bringen. Pasta zugeben und 5 Minuten köcheln lassen, bis die Nudeln fast gar ist; dann Bohnen, Zucchini und Erbsen zufügen und in weiteren 5 Minuten weich kochen.

3. In der Zwischenzeit eine Grillpfanne bei hoher Temperatur erhitzen und das Brot darin von beiden Seiten rösten, bis es stellenweise knusprig und etwas schwarz ist.

4. Für die Sauce das Basilikum, Knoblauch und Öl mit einem Stabmixer zu einer geschmeidigen Paste pürieren. In eine Schale füllen, den Parmesan unterrühren und mit Salz und Pfeffer würzen. Nach Belieben noch mehr Parmesan zufügen. Eine Scheibe Brot in jede der vier Servierschalen legen – ihr nehmt am besten breite tiefe Schalen – und die Suppe darübergeben; vorher das Bouquet garni entfernen. Jeweils einen Klecks Basilikumsauce zugeben und mit Parmesan und Basilikum bestreuen.

Die Rinde von Hartkäse, etwa von Parmesan, solltet ihr immer aufheben. Ihr könnt sie in Suppen und Eintöpfen mitkochen, dadurch erhalten die Gerichte eine herzhafte Note.

Möhren

gedeihen in feinen, sandigen Böden. Sät die Samen im Frühjahr in tiefen Furchen dünn aus. Regelmäßig wässern und Keimlinge mit oben und unten offenen Plastikflaschen schützen. Im Sommer werdet ihr dann mit knackigen Möhren belohnt. Spät ausgesäte Möhren werden im Frühherbst reif. Der größte Feind der Möhre ist die Möhrenfliege. Deshalb sät ihr am besten Rosmarin und Salbei daneben aus: Sie schrecken den Schädling ab.

Wenn ihr Neulinge auf dem Gebiet des Gärtnerns seid, züchtet zuerst einmal **eigene Kräuter.** Die Samen sind günstiger, und junge Pflanzen lassen sich schneller auspflanzen. Beginnt mit Oregano, Thymian, Basilikum, Schnittlauch, Rosmarin, Salbei, Koriander, Minze, Lorbeer und glatter Petersilie. Minze zieht man am besten in einem Tontopf; Koriander und Basilikum brauchen einen sonnigen Ort. Winterharter Lorbeer, Rosmarin und Salbei treiben das ganze Jahr über frische Blätter.

Der Geschmack dieses Pastagerichts lässt nicht erahnen, dass es aus ganz einfachen Zutaten hergestellt ist. Sogar die Auberginenhaut wird nicht weggeworfen, sondern in Streifen geschnitten, knusprig gebraten und zum Garnieren verwendet.

Spaghetti mit Aubergine, Schafskäse und Minze

Für: 4 Personen **Zubereitung:** 15 Minuten **Garzeit:** 25 Minuten

2 Auberginen
4 EL Olivenöl extra vergine, plus Olivenöl zum Beträufeln
400 g Spaghetti
1 Zwiebel, fein gehackt
1 Knoblauchzehe, fein gehackt
4 Tomaten, entkernt und gehackt
1 EL Tomatenmark
125 g abgetropfte Kichererbsen (Dose) oder gekochte getrocknete Kichererbsen (siehe Seite 8–9)
1 Handvoll Minzblätter
Meersalz und schwarzer Pfeffer
40 g Schafskäse, gerieben, zum Servieren

1. Auberginenhaut mit einem Gemüseschäler abziehen und in dünne Streifen schneiden. Auberginenfleisch würfeln. Öl in einer tiefen Pfanne erhitzen und die Auberginenhaut darin in 2–3 Minuten knusprig braten, dann mit einem Schaumlöffel herausheben und auf Küchenpapier abtropfen lassen. Die Auberginenwürfel in die Pfanne geben und in 8 Minuten rundum goldgelb braten.

2. In der Zwischenzeit die Spaghetti nach Packungsanweisung in einem Topf mit reichlich Salzwasser kochen. Abgießen, 6 Esslöffel Kochwasser aufheben und die Nudeln warm halten.

3. Die Zwiebel zur Aubergine geben und in weiteren 8 Minuten weich dünsten, dann Knoblauch, Tomaten, Tomatenmark und Kichererbsen zugeben. Bei mittlerer Hitze und unter häufigem Rühren 5 Minuten garen, dabei die Mischung mit so viel Pasta-Kochwasser auflockern, dass eine Sauce entsteht.

4. Direkt vor dem Servieren die Minze unterrühren und mit Salz und Pfeffer würzen. Die Sauce über die Pasta geben, mit etwas Olivenöl beträufeln und mit der knusprigen Auberginenhaut und dem Käse garnieren.

Zum Einfrieren das Tomatenmark in teelöffelgroßen Portionen auf einem kleinen Blech im Gefrierschrank fest werden lassen. Dann in einen verschließbaren Gefrierbeutel umfüllen und zurücklegen.

Im Sommer ist dies eines meiner Lieblingspastagerichte, denn es ist leicht und schnell zubereitet und schmeckt sehr würzig. Und eine große Zucchini-Ernte (siehe Seite 39) lässt sich damit wunderbar in den Griff bekommen – deshalb war es auch einen Sommer lang unser Standardgericht. Ich kaufe lieber Beutel mit Walnussbruch, denn der ist günstiger als halbe oder ganze Walnüsse und eignet sich außerdem perfekt für dieses Gericht, da es einem das Kleinhacken erspart.

Cavatappi mit Zucchini, Feta und Walnüssen

Für: 4 Personen **Zubereitung:** 15 Minuten **Garzeit:** 15 Minuten

400 g Cavatappi oder andere Pasta nach Belieben
4 EL Olivenöl extra vergine
4 Frühlingszwiebeln, gehackt, grüne und weiße Teile getrennt
2 große Knoblauchzehen, fein gehackt
1 rote Chilischote, entkernt und gehackt
3 Zucchini, grob geraspelt
Saft und Abrieb von 2 Bio-Zitronen
125 g Feta, in Stückchen
75 g Walnussbruch, geröstet (siehe Seite 18)
1 Handvoll Basilikum oder Oregano, zerpflückt
Meersalz und schwarzer Pfeffer

1. Die Pasta nach Packungsanweisung in einem großen Topf mit reichlich Salzwasser kochen. Abgießen, 4 Esslöffel Kochwasser aufheben und die Pasta in den Topf zurückgeben.

2. In der Zwischenzeit das Öl in einer großen Pfanne erhitzen. Die weißen Teile der Frühlingszwiebeln, Knoblauch und Chili in 2 Minuten darin dünsten. Zucchini und Zitronenabrieb zugeben und 1 Minute mitgaren, dann das aufgehobene Kochwasser und den Zitronensaft zugeben und alles kurz erwärmen.

3. Die Zucchini-Mischung zur Pasta geben, mit Salz und Pfeffer würzen und alles gut vermengen. Mit den grünen Teilen der Frühlingszwiebeln, Feta, gerösteten Walnüssen und Kräutern garnieren, sofort servieren.

Dieses leckere Gericht wird aus einer Handvoll Zutaten zubereitet. Überschüssiges Chili-Öl könnt ihr zum Braten von Eiern oder für Salatdressings verwenden oder auch mit Nudeln vermengen. In einem sterilisierten Glas (siehe Seite 11) hält es sich an einem kühlen, dunklen Ort eine Woche.

Rigatoni mit Zitronensemmelbröseln

Für: 4 Personen **Zubereitung:** 10 Minuten, plus mindestens 30 Minuten Durchziehzeit
Garzeit: 15 Minuten

400 g Rigatoni
50 g Semmelbrösel (siehe unten)
Abrieb von 1 Bio-Zitrone
5 große Handvoll Grünkohl, harte Stiele entfernt, Blätter zerpflückt
3 große Knoblauchzehen, fein gehackt
Meersalz und schwarzer Pfeffer
2 EL Sonnenblumenkerne, geröstet (siehe Seite 18), optional zum Servieren

FÜR DAS CHILI-ÖL
125 ml Olivenöl extra vergine
8–10 kleine getrocknete Chilischoten (die Anzahl hängt vom Schärfegrad ab)

1. Für das Chili-Öl das Olivenöl in einen kleinen Topf füllen, Chilis zugeben und in 5 Minuten langsam erwärmen. Vom Herd nehmen und mindestens 30 Minuten durchziehen lassen.

2. Pasta nach Packungsanweisung in einem großen Topf mit reichlich Salzwasser kochen. Abgießen und 100 Milliliter Kochwasser aufheben. Dann die Pasta mit dem aufgehobenen Kochwasser in den Topf zurückgeben.

3. In der Zwischenzeit 1 Esslöffel Chili-Öl in einer tiefen Pfanne langsam erhitzen. Semmelbrösel zugeben und in 4 Minuten rösten, dabei regelmäßig wenden. Zitronenabrieb unterrühren, kurz erwärmen und in eine Schale geben.

4. 3 weitere Esslöffel Chili-Öl in die Pfanne geben und langsam erhitzen. Grünkohl darin in 3–4 Minuten weich dünsten. Knoblauch zugeben und 1 Minute weitergaren. Den Grünkohl zur Pasta geben und alles gut vermengen. Mit Salz und Pfeffer würzen und mit Zitronenbröseln und Sonnenblumenkernen garnieren.

Statt altbackenes Brot wegzuwerfen, zermahlt es lieber samt der Kruste in einer Mühle oder einer kleinen Küchenmaschine zu groben oder feinen Bröseln. In einem luftdichten Behälter halten sich Semmelbrösel im Gefrierschrank bis zu 3 Monate und können in gefrorenem Zustand direkt verwertet werden.

Nicht jeder mag Kapern – ich selbst bin kein großer Kapern-Fan –, aber knusprig gebraten bilden sie einen perfekten Kontrast zu der cremigen Konsistenz einer Carbonara-Sauce und verleihen ihr eine leckere Note. Probiert es aus: Es ist wirklich etwas anderes, wenn man sie auf diese Weise zubereitet.

Linguine Carbonara mit knusprigen Kapern

Für: *4 Personen* ***Zubereitung:*** *5 Minuten* ***Garzeit:*** *15 Minuten*

400 g Linguine
1 EL Olivenöl
5 EL Kapern (Glas), abgetropft, abgespült und trocken getupft
40 g Butter
3 Strauchtomaten, entkernt und gewürfelt
2 große Knoblauchzehen, fein gehackt
100 g Parmesan, gerieben
3 große Eier, leicht verquirlt
1 EL Oregano, gehackt, oder 2 TL getrockneter Oregano
Meersalz und schwarzer Pfeffer

1. Pasta nach Packungsanweisung in einem großen Topf mit reichlich Salzwasser kochen.

2. In der Zwischenzeit das Öl in einer tiefen Pfanne langsam erhitzen. Kapern zugeben, Hitze etwas reduzieren und Kapern in 3–4 Minuten knusprig braten, dabei gelegentlich umrühren; dann auf Küchenpapier abtropfen lassen. Butter in der Pfanne zerlassen, Tomaten und Knoblauch zugeben und in 3 Minuten weich dünsten, dabei aufpassen, dass der Knoblauch nicht anbrennt.

3. Drei Viertel des Parmesans mit den verquirlten Eiern vermengen. Die fertig gekochte Pasta mit einer Nudelzange aus dem Wasser nehmen und in die Pfanne geben; das Kochwasser aufheben. Die Pfanne vom Herd nehmen und die Eiermischung zügig hineingießen. Linguine mit der Nudelzange wenden, bis sie von der Eiermischung ganz ummantelt sind, diese sollte dabei eindicken, ohne richtig zu stocken. Bei Bedarf 2–4 Esslöffel Kochwasser zugeben, damit die Pasta feucht bleibt und die Sauce einen Glanz bekommt. Mit Pfeffer abschmecken und mit dem restlichen Parmesan und Oregano bestreuen, sofort servieren.

Bevor ihr Tomaten kauft, solltet ihr immer daran schnuppern: Wenn sie nicht nach Tomate duften, lasst die Finger davon, denn dann schmecken sie auch nicht danach. Tomaten bei Raumtemperatur lagern – im Kühlschrank werden Geschmack und Textur beeinträchtigt, das Fleisch wird mehlig und der Geschmack verflacht.

Selbstgemachtes Pesto ist in wenigen Minuten zubereitet und frischer und günstiger als gekauftes, vor allem wenn ihr es aus selbst gesammelten Zutaten herstellt. Pesto kann so viel mehr sein als die klassische ligurische Variante und an saisonale Produkte angepasst werden. Bärlauch hat ein schönes, aber nicht dominantes Knoblaucharoma; und wenn es euch gelingt, eine ergiebige Stelle zum Sammeln ausfindig zu machen, bereitet am besten gleich die doppelte Menge Pesto zu und friert den Rest ein. Pinienkerne sind qualitativ sehr unterschiedlich, probiert es stattdessen doch mal mit Mandeln, Cashewkernen, Walnüssen oder Paranüssen, so erhaltet ihr eine weiche Paste mit süßlich-nussiger Note.

Tagliatelle mit Spargel und Bärlauchpesto

Für: 4 Personen **Zubereitung:** 10 Minuten **Garzeit:** 15 Minuten

400 g Tagliatelle
150 g Spargelspitzen

FÜR DAS BÄRLAUCHPESTO
2 große Handvoll Bärlauch, Blüten (wenn vorhanden) aufheben (oder Schnittlauchblüten verwenden)
1 Handvoll abgezogene Mandeln
100 ml mildes Olivenöl extra vergine, plus Olivenöl zum Beträufeln
1 Handvoll Parmesan, fein gerieben, plus Parmesan zum Servieren
Meersalz und schwarzer Pfeffer

1. Pasta nach Packungsanweisung in einem großen Topf mit reichlich Salzwasser kochen. Den Spargel etwa 3 Minuten vor Ende der Kochzeit zugeben. Abgießen, 4 Esslöffel Kochwasser aufheben und die fertige Pasta mit dem Spargel in den Topf zurückgeben.

2. In der Zwischenzeit das Pesto zubereiten. Bärlauch und Mandeln in einer kleinen Küchenmaschine oder mit einem Stabmixer zerkleinern. Nach und nach erst das Öl, dann den Parmesan zugeben, anschließend mit Salz und Pfeffer würzen. Pesto in eine Schale oder ein Glas füllen und mit etwas Olivenöl bedecken (so hält es sich im Kühlschrank bis zu 3 Tage).

3. So viel Pesto und Kochwasser zu den Nudeln geben, dass Pasta und Spargel ganz davon umhüllt sind. Alles gut vermengen. Mit Salz und Pfeffer abschmecken, mit Parmesan und Bärlauch- oder Schnittlauchblüten garnieren und servieren.

Übrig gebliebene gekochte Pasta könnt ihr für eine Frittata verwenden. Dafür die Nudeln mit etwas geriebenem Pecorino in die Eiermischung rühren und nach dem Rezept auf Seite 119 zubereiten.

Bärlauch ist eine tolle Alternative zu Knoblauch oder Schnittlauch, am besten schmeckt er roh oder kurz angedünstet. Mit seinen breiten, speerförmigen Blättern findet ihr ihn in waldigen Gebieten, an Hecken oder einfach am Wegesrand – wahrscheinlich riecht ihr ihn, bevor ihr ihn seht. Und nicht nur die Blätter sind essbar, auch die weißen Blüten, die auf einem dünnen Stängel sitzen, haben einen delikaten Geschmack.

Jahrelang bin ich an einem nahen Strand an kleinen Blätterbüscheln von der **Wilden Rübe** vorbeigelaufen, ohne je darüber nachzudenken, ob sie vielleicht essbar sind. Als ich sie dann probierte, erinnerte mich ihr Geschmack an Spinat – allerdings ohne diese leicht bittere Note. Pflückt nur die jungen Blätter, meidet Stellen, an denen Hunde herumlaufen, und wascht die Blätter immer gut vor dem Gebrauch.

Es stimmt schon: Getrocknete Steinpilze haben ihren Preis, aber was zunächst wenig erscheint, entpuppt sich als sehr ergiebig, zumal man aus dem Einweichwasser eine wunderbare Brühe machen kann. Orzo sind kleine, reisförmige Nudeln, die eine prima Alternative zu Reis und Körnern bieten. Diese Pastasorte hat etwas Bescheidenes an sich, das auch den Orzo-Salat mit Scamorza und Basilikumöl (siehe Seite 151) kennzeichnet – es lohnt sich durchaus, gleich die doppelte Menge zu kochen. Wenn ihr keine Wilde Rübe findet (siehe Seite 56), könnt ihr auch Spinat, Grünkohl, Schwarzkohl oder Mangold verwenden.

Orzo mit Steinpilzen und Wilder Rübe

Für: *4 Personen* ***Zubereitung:*** *10 Minuten, plus Zubereitung der Brühe und 20 Minuten Einweichzeit* ***Garzeit:*** *25 Minuten*

25 g getrocknete Steinpilze
3 EL Olivenöl
280 g braune Champignons, in Scheiben
150 g Wilde Rübe, Spinat oder Mangold, Stiele dünn geschnitten, Blätter zerpflückt
2 TL Thymian oder 1 TL getrockneter Thymian
350 ml Gemüsebrühe (siehe Seite 14)
125 ml Crème fraîche
400 g Orzo
Meersalz und schwarzer Pfeffer
Parmesan, gerieben, nach Belieben

1. Die Steinpilze in einer Schale mit 200 Millilitern siedendem Wasser bedecken und 20 Minuten einweichen lassen. Abgießen und das Einweichwasser aufheben.

2. Das Öl in einer tiefen Pfanne langsam erhitzen und die Steinpilze darin in 5 Minuten knusprig braten. Champignons zugeben und weitere 5 Minuten braten, bis sie sich leicht färben; dabei regelmäßig umrühren. Die frischen Pilze sehen erst trocken aus, geben dann aber ihre Flüssigkeit ab, die ausgekocht werden muss, damit sie nicht matschig werden. Rübenstiele und Thymian zugeben und nochmals 2 Minuten garen.

3. Gemüsebrühe und Einweichwasser (sandige Stückchen auf dem Boden der Schale lassen) zugießen und aufkochen, dann die Hitze stark reduzieren. Die Rübenblätter zugeben und 5–7 Minuten köcheln lassen, bis sich die Flüssigkeit um ein Drittel reduziert hat. Crème fraîche unterrühren und in weiteren 2 Minuten etwas einköcheln lassen.

4. In der Zwischenzeit die Pasta nach Packungsanweisung in einem großen Topf mit reichlich Salzwasser kochen. Abgießen und 6 Esslöffel Kochwasser aufheben. Pasta zu der Pilzsauce geben und so viel Kochwasser zufügen, dass eine schöne Sauce entsteht; alles gut vermengen. Mit Salz und Pfeffer kräftig würzen, nach Belieben mit Parmesan betreuen und servieren.

***Getrocknete Steinpilze** braucht ihr auch für Mangold-Parmesan-Tortino (siehe Seite 128).*

Tahin ist eine dicke Paste aus gemahlenen Sesamsamen, die normalerweise für Hummus benutzt wird, aber da ich ihr nussig-cremiges Aroma sehr mag, bildet sie auch die Basis für die Brühe in diesem japanisch inspirierten Nudelgericht. Tahin ist außerdem eine wertvolle Proteinquelle. Die Suppe nach Belieben mit Bärlauchblüten garnieren und servieren.

Udon-Nudeltopf mit Tahin und Bärlauch

Für: 4 Personen *Zubereitung:* 20 Minuten, plus Zubereitung der Brühe
Garzeit: 10 Minuten

Zum Sammeln von Bärlauch siehe Seite 55.

2 EL Sonnenblumenöl
1 große Zwiebel, in Streifen
300 g gemischte Pilze, etwa Shiitake, braune Champignons oder Austernpilze, in Scheiben
2 Pak Choi, weiße Teile dünn geschnitten, Blätter dick geschnitten
800 g Udon-Nudeln
4 EL helle Sojasauce
2 TL Zucker
½ TL getrocknete Chiliflocken
1 EL Ingwer, geschält und gerieben
2 gehäufte EL helle Tahin
600 ml Gemüsebrühe (siehe Seite 14)
1 Handvoll Bärlauch, Blätter quer in Streifen geschnitten, Blüten aufheben
Meersalz und schwarzer Pfeffer
Frittierte Zwiebeln und Ingwer (siehe Seite 23), optional zum Servieren

1. Das Öl in einer Wokpfanne erhitzen und die Zwiebel darin in 3 Minuten glasig dünsten. Pilze und die weißen Pak-Choi-Teile zugeben und weitere 5 Minuten unter Rühren garen, dann die grünen Pak-Choi-Teile zufügen und nochmals 2 Minuten garen, bis die Pilze beginnen, zu bräunen, und die Blätter zart sind, aber noch Biss haben.

2. In der Zwischenzeit die Nudeln nach Packungsanweisung in einem großen Topf kochen. Abgießen und 6 EL Kochwasser aufheben.

3. Sojasauce, Zucker, Chiliflocken, Ingwer und Tahin in einem Topf gut vermengen. Mit Gemüsebrühe und dem aufgehobenen Kochwasser aufgießen und langsam erhitzen, dabei gelegentlich umrühren (die Tahin-Brühe darf nicht zu heiß werden, sonst gerinnt sie). Zum Schluss den Bärlauch unterrühren.

4. Udon-Nudeln auf vier tiefe Schalen verteilen. Die Brühe über die Nudeln gießen, dann die Pilzmischung darübergeben. Nach Belieben mit Bärlauchblüten und frittierten Zwiebeln und Ingwer garnieren.

Bei diesem Gericht werden die Ravioli statt mit Pastateig mit Wantan-Blättern zubereitet. Und um das Fusionsprinzip noch weiterzuspinnen, werden die Päckchen mit Edamame-Wasabi-Hummus (siehe Seite 32) gefüllt und mit buttriger Ingwersauce serviert.

Wantan-Ravioli mit Rucola

Für: 4 Personen **Zubereitung:** 20 Minuten, plus Zubereitung des Hummus
Garzeit: 20 Minuten

40 quadratische Wantan-Blätter zum Dämpfen (besser als zum Braten), etwa 1,5 Packungen
¾ der Rezeptmenge Edamame-Wasabi-Hummus (siehe Seite 32)
100 g Butter
1 Stück Ingwer (ca. 4 cm), geschält, fein gerieben und Saft ausgedrückt
Saft von ½ Limette
1 Handvoll Walnüsse, geröstet und grob gehackt (siehe Seite 18)
1 gehäufter EL Schnittlauchröllchen
1 Handvoll Rucola
Meersalz und frisch gemahlener schwarzer Pfeffer

1. Für die Ravioli die Hälfte der Wantan-Blätter auf einem großen Stück Backpapier verteilen. In die Mitte jedes Blattes 1 Esslöffel Hummus geben und die Teigränder mit Wasser einstreichen. Jeweils ein zweites Wantan-Blatt darüberlegen und die Ränder gut zusammendrücken. Ravioli umdrehen, damit sie später nicht am Papier haften.

2. Eine tiefe Pfanne mit Wasser füllen, 1-2 TL Salz zugeben und aufkochen. Ravioli darin in vier Portionen 3–5 Minuten kochen, bis die Wantan-Blätter weich sind. Die fertigen Ravioli auf einer vorgewärmten Platte zugedeckt warm halten.

3. In der Zwischenzeit für die Sauce die Butter in einem Topf zerlassen. Ingwer zugeben und 2 Minuten bei geringer Hitze durchziehen lassen, dann mit Salz und Pfeffer würzen. Die Ravioli mit Ingwerbutter und Limettensaft beträufeln, mit gehackten Walnüssen, Schnittlauch und Rucola garnieren und servieren.

Wantan-Blätter findet ihr im Kühl- oder Tiefkühlregal asiatischer Lebensmittelläden und gut sortierter Supermärkte; die eine Sorte eignet sich zum Dämpfen, die andere zum Braten. Ich halte gern eine Packung im Gefrierschrank vorrätig, denn sie tauen schnell auf und eignen sich wunderbar für die Zubereitung von Klößen, Chips oder, wie hier, zum Einwickeln einer Füllung.

Um dieser vietnamesischen Nudelsuppe etwas Biss zu geben, habe ich sie mit Grünkohlchips bestreut, die an den knusprigen Seetang in chinesischen Restaurants erinnern. Über Reis oder Nudeln schmecken sie köstlich, sie sind aber auch ein leckerer Snack.

Pho mit Grünkohlchips

Für: 4 Personen **Zubereitung:** 15 Minuten, plus Zubereitung der Brühe
Garzeit: 20 Minuten

- 1,2 l asiatische Gemüsebrühe (siehe Seite 15)
- 175 g Babyspinat
- 1 lange rote Chilischote, entkernt und diagonal in dünne Ringe geschnitten
- 3 Frühlingszwiebeln, diagonal in dünne Ringe geschnitten, grüne und weiße Teile getrennt
- 1 TL Sesamöl
- 2 EL helle Sojasauce
- 250 g dicke Reisnudeln
- 2 Möhren, in dünnen Streifen
- 1 kleine rote Paprikaschote, vom Kerngehäuse befreit und in dünne Streifen geschnitten
- 2 EL Koriander, grob gehackt
- 2 EL Minze, grob gehackt
- Meersalz und schwarzer Pfeffer
- 2 TL Sesamsamen, geröstet, zum Servieren

FÜR DIE GRÜNKOHLCHIPS

- 1 EL Sesamöl
- 1 TL helle Sojasauce
- 3 große Handvoll Grünkohl, größere Stiele entfernt, Blätter in große Stücke zerpflückt wenn nötig

1. Für die Grünkohlchips den Backofen auf 160 °C vorheizen. Sesamöl und Sojasauce in einer großen Schale vermengen. Grünkohl zugeben und von Hand alles gut vermengen. Kohl auf einem großen Backblech gleichmäßig verteilen und 15–20 Minuten backen, bis er knusprig, aber noch grün ist; dabei ein- oder zweimal wenden. In eine Schale füllen und beiseitestellen.

2. In der Zwischenzeit die Brühe in einem großen Topf bei mittlerer Hitze aufkochen und 3 Minuten kochen lassen. Durch ein Sieb gießen und die Gewürze entfernen, dann zurück in den Topf geben. Spinat, die Hälfte des Chilis und die weißen Teile der Frühlingszwiebeln zugeben. Hitze etwas reduzieren und 3 Minuten köcheln lassen, bis der Spinat zusammengefallen ist.

3. Sesamöl und Sojasauce unterrühren und mit Pfeffer würzen (die Brühe sollte salzig genug sein, aber ihr könnt nach Belieben noch Salz hinzufügen) und kurz erwärmen.

4. Die Reisnudeln weich kochen, abgießen und unter fließend kaltem Wasser abschrecken. Nudeln, Möhren, Paprika, grüne Teile der Frühlingszwiebeln, Koriander und Minze auf vier tiefe Schalen verteilen. Die Brühe darübergeben, mit Sesam bestreuen und in der Mitte mit ein paar Grünkohlchips garnieren.

Chilischoten, Zitronengras, Kaffir-Limonenblätter und Curryblätter in einem Behälter oder verschließbaren Gefrierbeutel im Gefrierschrank aufbewahren. Sie müssen vor dem Gebrauch nicht aufgetaut werden.

Soba-Nudeln

Diese dünnen, grau-braunen japanischen Nudeln gibt es in zwei Varianten: Die eine wird aus Buchweizenmehl hergestellt und ist glutenfrei; die andere, etwas robustere Variante besteht aus Weizen und Buchweizen. Ich habe außerdem eine Sorte mit grünem Teepulver entdeckt, allerdings gibt der Tee den Nudeln eher Farbe als Aroma. Wenn ihr Soba-Nudeln kocht, solltet ihr unbedingt die Packungsanweisung beachten, denn zu lange gekocht, werden sie klebrig oder fallen auseinander. Beim Abgießen solltet ihr es immer den Japanern gleichtun und etwas Kochwasser aufheben. Dieses Sobayu kann mit in die Suppe gegeben, für eine Dip-Sauce verwendet oder als Brühe getrunken werden. Die gekochten Nudeln direkt kalt abschrecken, damit sie schnell abkühlen und überschüssige Stärke abgewaschen wird, durch die sie klebrig und matschig werden können. Soba-Nudeln werden warm oder kalt in Nudelsalaten oder Suppen serviert oder aber mit einem Dip auf Sojasaucen-Basis. Sie können auch kurz in der Pfanne gebraten werden, was jedoch nicht ideal ist, da sie dann schnell zerfallen. Zum Aufwärmen gebt ihr sie am besten in ein Sieb und übergießt sie mit siedendem Wasser – das sollte reichen, um sie zu erwärmen.

Birma grenzt an China, Thailand und Indien, deshalb findet man häufig verschiedene Einflüsse in einem Gericht wieder. Lasst euch von der Zutatenliste nicht abschrecken – dieses duftende Curry ist wirklich einfach zuzubereiten.

Birmanisches Curry mit Soba-Nudeln und Tofu

Für: *4 Personen* ***Zubereitung:*** *20 Minuten, plus Zubereitung der Brühe*
Garzeit: *25 Minuten*

4 EL mildes Currypulver
400 g fester Tofu, abgetropft, trocken getupft und in mundgerechte Würfel geschnitten
1 Zwiebel, in Spalten
3 große Knoblauchzehen, geschält
1 Stück Ingwer (etwa 2,5 cm), geschält und geviertelt
4 EL Sonnenblumenöl
400 g Kokosmilch
300 ml Gemüsebrühe (siehe Seite 14)
2 EL helle Sojasauce
½ TL getrocknete Chiliflocken oder 1 mittelgroße rote Chilischote, in Ringen
2 Stängel Zitronengras, zerdrückt
1 EL brauner Zucker
1 rote Paprikaschote, vom Kerngehäuse befreit und gehackt
4 große Handvoll Winterblattgemüse oder Grünkohl, harte Stiele entfernt, Blätter zerpflückt
200 g Soba-Nudeln
1 Handvoll Koriander, gehackt
Meersalz und schwarzer Pfeffer
Zitronenspalten, zum Servieren

1. Die Hälfte des Currypulvers auf einer Platte verteilen und mit Salz und Pfeffer würzen. Tofu im Currypulver wenden und beiseitestellen.

2. Zwiebel, Knoblauch, Ingwer und die Hälfte des Öls zu einer Paste pürieren. Die Paste bei mittlerer Hitze unter ständigem Rühren 2 Minuten anbraten. Kokosmilch, Brühe, Sojasauce, Chili und Zitronengras zugeben, bis zum Siedepunkt erhitzen, dann den Zucker unterrühren. Hitze etwas reduzieren und 15 Minuten köcheln lassen, bis die Flüssigkeit etwas eingekocht ist. Das restliche Currypulver, Paprika und Blattgemüse unterrühren, mit Pfeffer würzen und nochmals 5 Minuten garen, dabei gelegentlich rühren. Zitronengras entfernen.

3. Das restliche Öl in einer Pfanne erhitzen und den Tofu darin in zwei Portionen in 6 Minuten goldbraun braten, dabei gelegentlich wenden. Auf Küchenpapier abtropfen lassen. Die Nudeln kochen, abgießen und auf vier tiefe Schalen verteilen. Erst das Curry, dann den Tofu darübergeben, mit Koriander bestreuen und mit Zitronenspalten garnieren.

Überschüssige Kokosmilch im Eiswürfelbehälter einfrieren, dann in einen verschließbaren Gefrierbeutel umfüllen. So hält sie sich bis zu drei Monate.

Abbildung auf Seite 63.

Soba-Nudelsalat

165 g Soba-Nudeln kochen, abgießen und unter fließend kaltem Wasser abschrecken. In eine große Schale geben und **100 g gekochte, abgekühlte Edamame-(Soja-)Bohnen, 10 dünn geschnittene Radieschen** und **6 cm entkernte und gewürfelte Gurke** zugeben. **1 EL Sesamsamen** und **3 EL gemischtes Meeresgemüse** in einer Pfanne ohne Fett 2 Minuten leicht rösten, dabei die Pfanne regelmäßig rütteln, bis der Seetang knusprig ist. Für das Dressing **4 EL Reisessig, 2 TL Sojasauce, 2 TL Sesamöl, 5 EL Sonnenblumenöl, 1 TL geschälter, fein gehackter Ingwer** und **1 kleine, fein gehackte Knoblauchzehe** gut verrühren. Mit **Salz** und **Pfeffer** würzen und das Dressing über den Nudelsalat geben. Mit geröstetem Meeresgemüse garnieren.

Soba-Nudeln mit Miso-Sauce

Es lohnt sich, gleich die doppelte Menge Sauce zu machen, denn in einem luftdichten Behälter hält sie sich im Kühlschrank bis zu einer Woche. Warm oder kalt servieren, als Salatdressing, Sauce für Pfannengerichte oder über Reis oder Nudeln. **225 g Soba-Nudeln** nach Packungsanweisung zubereiten, abgießen und unter fließend kaltem Wasser abschrecken. Für die Sauce **5 EL Mirin (süßer Reiswein)** und **1 gehäuften EL Zucker** in einem kleinen Topf verrühren und aufkochen, dann die Hitze reduzieren und 2 Minuten unter Rühren köcheln lassen, bis sich der Zucker aufgelöst hat. **6 EL Wasser, 4 EL braunes Reismiso** und **1 EL scharfen Senf** gut vermischen, dann in den Topf rühren. Nudeln mit kochendem Wasser übergießen und auf vier tiefe Schalen verteilen, dann die Sauce darübergeben und alles gut vermengen. Mit **gehacktem Koriander** und **gerösteten Sesamsamen** garnieren oder mit Pfannengemüse oder gebratenem Tofu servieren.

Soba-Nudeln mit Korianderdressing

250 g Soba-Nudeln nach Packungsanweisung zubereiten, abgießen und unter fließend kaltem Wasser abschrecken. **2 Handvoll Korianderblätter, 2 große Knoblauchzehen, 1 lange rote Chilischote, 1 großes Stück geschälten und gehackten Ingwer, Abrieb und Saft von 2 Bio-Limetten, 5 EL Sonnenblumenöl, 2 EL helle Sojasauce, 1 TL Zucker** und **1 EL geröstetes Sesamöl** in einem kleinen Mixer oder mit einem Stabmixer zu einer dicken Paste zerkleinern. Über die warmen oder kalten Nudeln geben.

Kapitel 3

Ein Sack Reis (und andere Körner)

Reis ist bekanntlich das meistgegessene Lebensmittel auf diesem Planeten, und er ist so viel mehr als eine bloße Beilage. Es gibt eine Vielzahl an Reissorten, etwa cremigen Risotto-Reis, der hier für Arancini-Eier verwendet wird, oder klebrigen Jasmin-Reis, den ich für Thai-Reis mit Cashewkernen benutze. Nicht zu vergessen weitere Getreidesorten, die ebenso vielfältig und preiswert sind. Ihr könnt sie zum Beispiel in dem Graupenrisotto mit Kürbis oder dem Quinoa-Salat mit gerösteten Erdnüssen probieren.

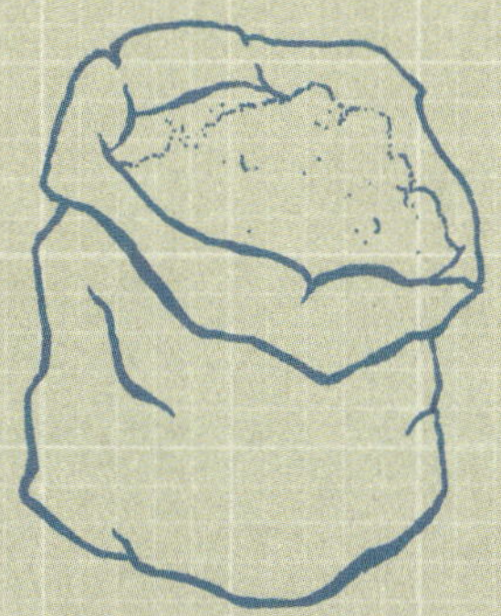

Dieses Rezept ist eine Kreuzung aus italienischen Arancini (frittierten Reisbällchen) und einer fleischfreien Variante der britischen Scotch eggs. Es ist entstanden, als eine Freundin mir ein paar Eier von ihren sehr produktiven Hühnern gab und ich noch Risottoreste im Kühlschrank hatte, die verbraucht werden mussten. Die Verbindung dieser Gerichte war ein Experiment, aber ich freue mich, sagen zu können, dass es eine gelungene Kombination ist.

Arancini-Eier

Für: 4 Personen **Zubereitung:** 10 Minuten **Garzeit:** 15 Minuten

5 Eier
3 EL Parmesan, fein gerieben
375 g Risottoreste (oder ⅓ der Rezeptmenge Bohnenrisotto mit Blauschimmelkäse, siehe Seite 81, dabei die dicken Bohnen und den Dolcelatte weglassen)
75 g Semmelbrösel (siehe Seite 52)
4 EL Mehl
Sonnenblumenöl, zum Frittieren
Meersalz und schwarzer Pfeffer

1. 4 Eier in einen Topf mit kaltem Wasser legen, das Wasser aufkochen, dann die Hitze etwas reduzieren und 5 Minuten köcheln lassen. Die Eier herausheben, kalt abschrecken, dann pellen.

2. In der Zwischenzeit den Parmesan in den Risotto-Reis rühren und mit Salz und Pfeffer würzen. Das verbliebene Ei in einer tiefen Schale verquirlen. Semmelbrösel und Mehl in zwei separate Schalen geben.

3. Ein Viertel des Risottos auf einer Handfläche zu einer flachen Scheibe drücken. Ein gekochtes Ei vorsichtig in Mehl wenden, dann in die Mitte der Risottofläche legen. Das Ei mit dem Risotto einhüllen und die Ränder zusammendrücken, sodass ein kleiner Ball entsteht. Das umhüllte Ei in Mehl wenden, überschüssiges Mehl vorsichtig abklopfen, dann in das verquirlte Ei tauchen und schließlich in Semmelbröseln wälzen. Den Vorgang mit den restlichen drei Eiern wiederholen.

4. Ausreichend Öl zum Frittieren der Arancini-Eier in einer tiefen Pfanne erhitzen. (Es ist heiß genug, wenn ein Brotkrumen in 30 Sekunden geröstet ist.) 2 Eier auf einmal hineingeben und in 4–5 Minuten rundum knusprig frittieren, dabei gelegentlich wenden. Auf Küchenpapier abtropfen lassen und den Vorgang mit den restlichen Eiern wiederholen. Warm servieren.

Übriges Frittieröl nicht wegwerfen – lasst es abkühlen, gießt es durch ein Sieb in einen luftdichten Behälter und verwahrt es an einem dunklen, kühlen Ort. Es kann bis zu 2 Wochen lang benutzt werden. Alternativ könnt ihr das Öl in einen gefriertauglichen Behälter füllen und bis zu 3 Monate im Gefrierschrank aufbewahren.

Radieschen

sind einfach anzubauen. Sie gedeihen auf fast jedem Boden und können schon nach vier Wochen geerntet werden. Es gibt sie in allen Formen und Größen – von rund bis lang und dünn – und in Farbtönen, die von Rot und Pink bis zu Creme und Weiß reichen. Am besten sät ihr sie in wöchentlichem Abstand aus, dann seid ihr den ganzen Sommer über mit diesem knackigen Gemüse versorgt.

Mit seiner nussigen Note und Textur passt Buchweizen wunderbar in Salate auf Getreidebasis und ist dabei nahrhafter als Couscous oder Quinoa. Er ist zwar eine Art Eindringling in der Getreidefamilie, denn eigentlich gehört er zu den Samen – dennoch wird er für gewöhnlich auf dieselbe Weise verwendet wie Weizen, taucht also hier völlig zu Recht auf.

Buchweizensalat mit Sauerkirschen

Für: *4 Personen* **Zubereitung:** *15 Minuten* **Garzeit:** *25 Minuten*

140 g Buchweizengrütze oder Bulgur
Saft von ½ kleinen Orange
1 gehäufter TL Honig
3 EL Reisessig
1 Handvoll getrocknete Sauerkirschen, größere halbiert
6 Radieschen, in Scheibchen
1 kleine rote Zwiebel, gewürfelt
2 Handvoll Minze, gehackt
2 Handvoll Petersilie, gehackt
2 EL Olivenöl extra vergine
1 große Handvoll geschälte, ungesalzene Pistazien, geröstet (siehe Seite 18)
100 g Feta, zerbröckelt
Meersalz und schwarzer Pfeffer

1. Den Buchweizen in einer Pfanne bei mittlerer Hitze 3 Minuten rösten, bis er duftet; dabei gelegentlich wenden. In einen Topf geben und mit Wasser aufgießen, bis alles gut bedeckt ist. Bei mittlerer Hitze aufkochen, dann die Hitze reduzieren und den Buchweizen 18–20 Minuten köcheln lassen, bis er weich, aber noch etwas bissfest ist.

2. In der Zwischenzeit den Orangensaft, Honig und Reisessig in einem kleinen Topf aufkochen, Sauerkirschen zugeben, dann vom Herd nehmen und die Kirschen 15 Minuten quellen lassen.

3. Den Buchweizen gut abtropfen lassen und mit Radieschen, Zwiebel, Minze und Petersilie in eine Salatschüssel geben. Sauerkirschen abgießen (die Saftmischung aufheben) und zum Buchweizen geben; Olivenöl in die Saftmischung rühren und über den Salat geben, dann mit Salz und Pfeffer würzen. Salat gut vermengen, mit Pistazien und Feta garnieren und zimmerwarm servieren.

Wenn ihr regelmäßig mit Nüssen, Samen, Getreide und Hülsenfrüchten kocht, kauft am besten gleich größere Packungen, um die Kosten niedrig zu halten. Das Haltbarkeitsdatum solltet ihr im Auge behalten, denn nach dessen Ablauf verderben sie.

Dies ist eine Art asiatisches Tabouleh. Wie beim klassischen Tabouleh besteht das Erfolgsgeheimnis darin, Getreide und Gewürze richtig auszubalancieren. Die Kräuter sollten, wie hier der Koriander, den Geschmack dominieren; ist der Körneranteil zu hoch, schmeckt der Salat langweilig. Ich liebe die Kombination aus frittierten Zwiebeln und Ingwer, gerösteten Erdnüssen, milden Kräutern und dem leicht salzigen Sojasaucen-Dressing. Roten Quinoa nehme ich vor allem seiner Farbe wegen; ihr könnt ebenso gut jede andere Sorte verwenden.

Quinoa-Salat mit gerösteten Erdnüssen

Für: 4 Personen **Zubereitung:** 10 Minuten **Garzeit:** 10 Minuten

55 g roter Quinoa
1 EL Rapsöl
60 g ungesalzene Erdnüsse
1 große Handvoll Koriander, Blätter und Stängel fein gehackt
1 EL Sesamsamen, geröstet (siehe Seite 18)
3 EL frittierte Zwiebeln und Ingwer (siehe Seite 23)

FÜR DAS DRESSING
1 TL Tamari- oder helle Sojasauce
2 EL Rapsöl
½ TL Zucker
Meersalz und schwarzer Pfeffer

1. Quinoa in einem Topf mit Wasser bedecken und aufkochen. Die Hitze reduzieren und halb zugedeckt in 10 Minuten weich köcheln. Abgießen und beiseitestellen.

2. In der Zwischenzeit das Öl in einer großen Pfanne erhitzen, dann die Hitze reduzieren und die Erdnüsse 2–3 Minuten darin rösten; dabei einmal wenden. Mit einem Schaumlöffel herausnehmen, auf Küchenpapier abtropfen, dann abkühlen lassen.

3. Für das Dressing alle Zutaten verrühren und mit Salz und Pfeffer würzen. Koriander mit Quinoa, Erdnüssen und Sesam in einer großen Schale vermischen. Dressing darübergeben und alles gut vermengen. Mit frittierten Zwiebeln und Ingwer garnieren und servieren.

Passt gut zu Erbsen-Tofu-Talern (siehe Seite 162).

Koriander- oder Petersilienstängel solltet ihr nicht wegwerfen, sie sind sehr geschmacksintensiv und passen gut in Gerichte mit etwas bissfesteren Zutaten wie diesen Salat.

Dieses Gericht ist sehr anpassungsfähig, ihr könnt die Zutaten also frei variieren. Es schmeckt als Beilage zu langsam gegartem marokkanischem Gemüse (siehe Seite 159) oder mit Granatapfel-Salsa (siehe Seite 21). Ihr könnt es aber auch mit einer Extraportion Käse oder einem Spiegelei zu einer vollständigen Mahlzeit aufwerten.

Pilaw mit Feta und Kürbiskernen

Für: 4 Personen **Zubereitung:** 15 Minuten, plus Zubereitung der Brühe und 10 Minuten Ruhezeit **Garzeit:** 25 Minuten

2 EL Sonnenblumenöl
1 Zwiebel, fein gehackt
3 Knoblauchzehen, fein gehackt
8 Nelken
6 Kardamomkapseln, Samen ausgelöst
1 EL Kreuzkümmel
½ TL getrocknete Chiliflocken
300 g Basmati-Reis
1 gehäufter TL Kurkuma
750–800 ml Gemüsebrühe (siehe Seite 14)
3 Handvoll Spinat, harte Stiele entfernt, Blätter zerpflückt
120 g abgetropfte weiße Bohnen (Dose) oder gekochte getrocknete weiße Bohnen (siehe Seite 8–9)
3 EL Kürbiskerne, geröstet (siehe Seite 18)
100 g Feta, zerbröckelt
Meersalz und schwarzer Pfeffer

1. Das Öl in einer tiefen Pfanne langsam erhitzen und die Zwiebel darin in 6 Minuten glasig dünsten. Dann Knoblauch, Nelken, Kardamom, Kreuzkümmel und Chiliflocken zugeben und weitere 2 Minuten garen.

2. Reis und Kurkuma unterrühren und mit Gemüsebrühe aufgießen; sie sollte etwa 1 cm über dem Reis stehen. Aufkochen, dann zugedeckt bei geringer Hitze 5 Minuten köcheln lassen.

3. Den Deckel kurz abnehmen und den Spinat und die weißen Bohnen unterrühren, dann zudeckt nochmals 10 Minuten köcheln, bis der Reis weich ist und die Flüssigkeit absorbiert hat (wenn der Reis noch nicht gar ist, noch mehr Brühe zufügen und einige Minuten länger köcheln lassen). Mit Salz und Pfeffer würzen und 10 Minuten stehen lassen. Den Reis in Schalen füllen, mit Kürbiskernen und Feta garnieren und servieren.

Überschüssiger gekochter Reis hält sich im Kühlschrank bis zu 2 Tage oder kann eingefroren werden; in jedem Fall solltet ihr ihn beim Wiederverwerten richtig gut erhitzen.

Dies ist meine Interpretation des berühmten koreanischen Reisgerichts. Traditionell wird es mit sieben verschiedenen Gemüsesorten belegt sowie mit einem rohen Ei, das auf dem heißen Reis stockt. Ich variiere das Gemüse gern und nehme lieber ein weich gekochtes Ei oder dünne Omelettstreifen. Und natürlich darf auch ein Löffel Kimchi nicht fehlen (siehe Seite 20)!

Bibimbap

Für: 4 Personen **Zubereitung:** 20 Minuten, plus Zubereitung der Brühe
Garzeit: 20 Minuten

400 g Naturreis, abgespült
4 große Eier
2 EL Pflanzenöl
250 g braune Champignons, in Scheiben
2 Möhren, in dünnen Streifen
2 Zucchini, in dünnen Streifen
200 g junger Spinat, harte Stiele entfernt
5 Frühlingszwiebeln, fein gehackt
3 Knoblauchzehen, fein gehackt
1 EL Sesamsamen, geröstet (siehe Seite 18)
3 EL helle Sojasauce
1 TL Sesamöl
200 ml Gemüsebrühe (siehe Seite 14)
Meersalz und schwarzer Pfeffer
Kimchi (siehe Seite 20), zum Servieren

1. Den Reis in einen Topf geben, mit Wasser aufgießen (es sollte 1 cm über dem Reis stehen) und salzen. Aufkochen, dann bei geringster Hitze zugedeckt 20 Minuten köcheln lassen, bis der Reis zart ist und das Wasser aufgenommen hat. Den Reis bis zum Servieren auf der warmen Platte stehen lassen.

2. In der Zwischenzeit die Eier in 4 Minuten weich kochen, kurz kalt abschrecken, dann pellen und beiseitelegen. Während die Eier kochen, das Öl in einer großen Wokpfanne bei hoher Temperatur erhitzen und die Pilze darin 4 Minuten braten, bis sie etwas Farbe genommen haben. Beiseitestellen.

3. Möhren und Zucchini nacheinander 2–3 Minuten im Wok garen; sie sollten noch bissfest sein. Den Spinat mit etwas Wasser in 2–3 Minuten weich dünsten. Das gesamte Gemüse auf eine große Platte geben und zum Warmhalten zudecken.

4. Frühlingszwiebeln, Knoblauch, Sesam, Sojasauce, Sesamöl und Gemüsebrühe in einem kleinen Topf bei mittlerer Hitze 2 Minuten köcheln lassen, dann mit Pfeffer würzen.

5. Den Reis auf vier vorgewärmte Schalen verteilen und zwei Drittel der heißen Brühe darübergeben. Mit dem Gemüse belegen, dabei die einzelnen Gemüsesorten nebeneinander anrichten. Mit der restlichen Brühe beträufeln. Die Eier halbieren und jede Schale mit zwei Hälften garnieren. Sofort mit Kimchi servieren.

Ich habe immer einen Beutel mit TK-Spinat im Gefrierschrank vorrätig. Nehmt lieber Blattspinat, denn der gehackte wird beim Kochen leicht matschig.

Die Ringelblume war einst als »Safran des armen Mannes« bekannt, denn die getrockneten Blütenblätter haben eine auffällige Ähnlichkeit mit Safranfäden – kosten allerdings nur einen Bruchteil davon. Um die gelbe Farbe auszulösen, müsst ihr die getrockneten Blüten einfach kurz einweichen.

Paella mit „Safran des armen Mannes"

Für: 4 Personen **Zubereitung:** 15 Minuten, plus Zubereitung der Brühe, 30 Minuten Einweich- und 10 Minuten Ruhezeit **Garzeit:** 35 Minuten

2 gehäufte TL getrocknete Ringelblumenblütenblätter (siehe Seite 77)
165 g Erbsen (TK)
3 EL Raps- oder Olivenöl
1 große Zwiebel, gehackt
1 rote und 1 gelbe Paprikaschote, vom Kerngehäuse befreit und gehackt
3 Knoblauchzehen, gehackt
280 g Paella-Reis
2 TL mild geräuchertes Paprikapulver
1 TL Kurkuma
4 EL Sherry oder Gemüsebrühe
1,2 l Gemüsebrühe (siehe Seite 14)
2 Tomaten, entkernt und gewürfelt
2 Handvoll entkernte schwarze Oliven
Meersalz und schwarzer Pfeffer

FÜR DIE MANDELN
1 EL Raps- oder Olivenöl
75 g abgezogene ganze Mandeln
1 gehäufter TL mild geräuchertes Paprikapulver

1. Ringelblumenblütenblätter in 4 Esslöffeln warmem Wasser 30 Minuten einweichen. In der Zwischenzeit die Erbsen in einer Schale auftauen lassen. Das Öl in einer tiefen Pfanne mit Deckel langsam erhitzen und die Zwiebel darin in 5 Minuten glasig dünsten. Paprika zugeben und nochmals 3 Minuten garen, dann den Knoblauch unterrühren und dünsten, bis die Paprika weich sind.

2. Reis, Paprikapulver und Kurkuma zugeben und alles gut vermengen. Sherry zugeben und verköcheln lassen, dann mit Brühe, Blütenblättern und Einweichwasser aufgießen, mit Salz und Pfeffer würzen, gut durchrühren und aufkochen. Bei geringer Hitze den Reis 15 Minuten quellen lassen.

3. Erbsen, Tomaten und Oliven darübergeben und mit der Löffelrückseite den Reis andrücken. Den Reis nicht umrühren, denn am Boden soll sich eine Kruste bilden. Nochmals 5 Minuten garen, bis der Reis die Brühe absorbiert hat. Vom Herd nehmen, zugedeckt 10 Minuten stehen lassen.

4. Das Öl in einer Pfanne erhitzen und die Mandeln darin 3 Minuten rösten, bis sie beginnen, Farbe zu nehmen; dabei gelegentlich rütteln. Mit Paprikapulver und Salz würzen, alles gut vermengen und nochmals 2 Minuten rösten. Paella mit Mandeln garnieren und auf einer Platte servieren.

***»Safran des armen Mannes«** braucht ihr auch für das langsam gegarte marokkanische Gemüse (siehe Seite 159).*

Ringelblumen (Calendula) sind einfach anzubauen, benötigen wenig Pflege und bringen Farbe in den Garten. Die Blumen sind nicht nur essbar, sondern auch ein natürliches Insektenbekämpfungsmittel, machen also Pestizide überflüssig. Zum Trocknen der Blüten pflückt ihr die Blütenblätter ab, verteilt sie auf Backpapier und lasst sie über Nacht trocknen. Dann in einem luftdichten Behälter verwahren.

Couscous eignet sich wunderbar für Füllungen, denn er ist ein guter Geschmacksträger und gibt dem Gericht Substanz. Hier wird er mit Harissa gemischt, wodurch sich der Geschmack der Sauce noch intensiviert. Nehmt große Pilze mit leicht hochgewölbtem Rand, in die ihr die Füllung wie in eine Schale hineingeben könnt.

Gebackene Pilze mit Couscous-Kruste

Für: 4 Personen **Zubereitung:** 15 Minuten, plus Zubereitung der Brühe
Garzeit: 35 Minuten

75 g Couscous
Heiße Gemüsebrühe (siehe Seite 14), zum Bedecken
3 EL Olivenöl, plus Olivenöl zum Beträufeln
1 Zwiebel, fein gehackt
2 große Knoblauchzehen, fein gehackt
1 EL Harissa
1 TL mild geräuchertes Paprikapulver
1 große Handvoll glatte Petersilie, gehackt
1 große Handvoll Oregano, gehackt
4 große braune oder Wiesen-Champignons, Stiele entfernt
125 g Ziegenkäse, zerbröckelt
Meersalz und schwarzer Pfeffer
Gemischter Salat, zum Servieren

FÜR DIE HARISSA-MAYO
1 gehäufter TL Harissa
6 EL Mayonnaise
Saft von ½ Zitrone

1. Den Backofen auf 190 °C vorheizen. Couscous in eine Schale geben und mit heißer Brühe knapp bedecken. Umrühren, 5 Minuten quellen lassen, bis die Brühe absorbiert ist. Mit einer Gabel auflockern.

2. Die Hälfte des Öls in einer großen Pfanne erhitzen und die Zwiebel darin in 8 Minuten glasig dünsten. Knoblauch zugeben und nochmals 1 Minute dünsten. Harissa, Paprikapulver, Couscous und die Hälfte der Kräuter untermischen, mit Salz und Pfeffer würzen und alles gut vermengen.

3. Den Deckel (nicht die Lamellen) und die Ränder der Pilze mit dem restlichen Öl einstreichen und die Pilze in eine kleine Auflaufform setzen, in der sie nicht umkippen können. Die Coucous-Mischung gleichmäßig auf die vier Pilze verteilen, leicht herunterdrücken und mit 1 EL Wasser beträufeln. Mit Alufolie bedecken und die Pilze in 15 Minuten weich backen. Folie entfernen, Ziegenkäse darübergeben, mit etwas Öl beträufeln und nochmals 10 Minuten backen, bis der Käse leicht geschmolzen ist.

4. Für die Harissa-Mayo alle Zutaten mit 1–2 Esslöffeln Wasser vermengen, mit Salz und Pfeffer würzen. Die fertigen Pilze mit den restlichen Kräutern garnieren, mit Harissa-Mayo und Salat servieren.

Um robustere Kräuter wie Rosmarin, Oregano, Salbei und Thymian zu trocknen, eine Schicht Kräuter zwischen zwei Lagen Küchenpapier legen und 1–3 Minuten in die Mikrowelle geben.

Diese Reispfanne ist ein perfektes schnelles Abendessen nach einem langen Unitag. Den Reis könnt ihr am Vortag kochen, solltet ihn aber beim Aufwärmen richtig erhitzen. Die Cashewkerne sind kein Muss, aber ich mag sie als knackigen Kontrast zum weichen Reis.

Thai-Reis mit Cashewkernen

Für: *4 Personen* ***Zubereitung:*** *20 Minuten, plus Abkühlzeit* ***Garzeit:*** *20 Minuten*

400 g Thai-Jasmin-Reis
3 EL Sonnenblumenöl
4 große Frühlingszwiebeln, in Ringen, grüne und weiße Teile getrennt
2 Pak Choi, weiße Teile in dünnen Streifen, grüne Teile in dicken Streifen
2 Stängel Zitronengras, äußere Blätter entfernt, fein gehackt
1 rote Chilischote, fein gehackt
1 Stück Ingwer (ca. 4 cm), fein gehackt
4 Knoblauchzehen, fein gehackt
3 EL helle Sojasauce
Saft von ½ Limette
1 TL Zucker
1 kleine Handvoll Basilikum, am besten Thai-Basilikum, zum Servieren

FÜR DIE SCHARFEN CASHEWKERNE
100 g Cashewkerne
2 TL Thai-7-Spices-Gewürzmischung
2 TL Sojasauce

1. Den Reis in einem mittelgroßen Topf mit kaltem Wasser bedecken (es sollte 1 cm über dem Reis stehen). Aufkochen, dann bei geringer Hitze zugedeckt 12 Minuten köcheln lassen, bis er zart ist und das gesamte Wasser aufgesogen hat. Den Herd ausstellen und den Reis zugedeckt 5 Minuten auf der warmen Platte stehen lassen. Dann auf einer großen Platte verteilen und abkühlen lassen.

2. In der Zwischenzeit den Backofen auf 160 °C vorheizen. Cashewkerne auf einem Backblech in 12 Minuten rösten; nach 6 Minuten einmal wenden. Thai-Gewürzmischung mit der Sojasauce in einer Schale verrühren. Geröstete Cashewkerne zugeben, alles gut vermengen, wieder auf das Backblech geben und in weiteren 3 Minuten im Ofen rösten. Herausnehmen und beiseitestellen.

3. Das Öl in einer Wokpfanne bei hoher Temperatur erhitzen. Weiße Teile der Frühlingszwiebeln und des Pak Choi in 2 Minuten unter Rühren darin dünsten, dann Zitronengras, Chili, grüne Teile des Pak Choi, Ingwer und Knoblauch zugeben und nochmals 1 Minute garen. Den Reis unterrühren und 3 Minuten unter ständigem Rühren erhitzen. Sojasauce, Limettensaft und Zucker verrühren, bis sich der Zucker aufgelöst hat, dann die Mischung in den Wok gießen. Alles gut vermengen und auf vier Teller verteilen. Mit den grünen Teilen der Frühlingszwiebeln, Basilikum und Cashewkernen garnieren.

***Thai-7-Spices-Gewürzmischung** braucht ihr auch für den Thai-Tofu* *(siehe Seite 43).*

Wenn ihr Nüsse übrig habt, die ihr nicht sofort aufbrauchen wollt, könnt ihr sie in einem verschließbaren Gefrierbeutel einfrieren. Sie müssen vor dem Gebrauch nicht aufgetaut werden.

Dieses Risotto ist entstanden, als ich nur noch eine Handvoll selbst gezogene dicke Bohnen hatte, die nicht für eine vollständige Mahlzeit reichten. Dicke Bohnen passen wunderbar zu Blauschimmelkäse, vor allem zu italienischem Dolcelatte. Dadurch enthält dieses Gericht auch genug Käse und ihr könnt auf den üblichen Parmesan getrost verzichten.

Bohnenrisotto mit Blauschimmelkäse

Für: 4 Personen **Zubereitung:** 10 Minuten, plus Zubereitung der Brühe und 10 Minuten Ruhezeit **Garzeit:** 25 Minuten

250 g frische dicke Bohnen oder TK, aufgetaut
30 g Butter
1 EL Olivenöl
1 große Stange Lauch, fein gehackt
320 g Risotto-Reis
100 ml trockener Weißwein oder Gemüsebrühe
1,2 l Gemüsebrühe (siehe Seite 14)
175 g Dolcelatte oder anderer Blauschimmelkäse, in mundgerechten Stücken
1 EL glatte Petersilie, gehackt
Meersalz und schwarzer Pfeffer

1. Dicke Bohnen in kochendem Wasser etwa 3 Minuten kochen; sie sollten nicht zu weich werden. Abgießen, unter fließend kaltem Wasser abschrecken, dann die ledrigen Hülsen abziehen und die Bohnen beiseitelegen. Hülsen wegwerfen.

2. In der Zwischenzeit die Butter und das Öl in einer Pfanne mit schwerem Boden erhitzen. Wenn die Butter geschmolzen ist, den Lauch zugeben und in 6 Minuten weich dünsten. Den Reis unterrühren, alles gut vermengen, dann mit Wein aufgießen. Den Wein verkochen lassen, nach und nach unter ständigem Rühren die Gemüsebrühe zugeben. Dabei immer warten, bis die gerade zugegebene Brühe vom Reis aufgenommen worden ist, und so lange fortfahren, bis der Reis noch etwas Biss hat. Das Risotto sollte leicht flüssig und nicht trocken sein und benötigt zum Garen insgesamt etwa 25 Minuten.

3. Den fertigen Reis mit Salz und Pfeffer würzen und die dicken Bohnen und den Dolcelatte einrühren. Zugedeckt 10 Minuten stehen lassen. Noch einmal mit Salz abschmecken, mit Petersilie garnieren und servieren.

Übrig gebliebenen Risotto-Reis könnt ihr für Arancini-Eier verwenden (siehe Seite 68). Dafür statt dicker Bohnen und Dolcelatte einfach 3 Esslöffel geriebenen Parmesan unterrühren.

Graupen sind ein stark unterschätztes und extrem vielseitig einsetzbares Getreide. Sie verleihen Suppen und Eintöpfen eine cremige Textur und geben Salaten und Pilaws mehr Substanz. Sie sind aber auch eine günstige Alternative zu Risotto-Reis. Kauft besser Perlgraupen als Graupen, denn Letztere müssen viel länger gekocht werden.

Graupenrisotto mit Kürbis

Für: 4 Personen **Zubereitung:** 15 Minuten, plus Zubereitung der Brühe
Garzeit: 50 Minuten

680 g Butternut-Kürbis, geschält, entkernt und in mundgerechte Stücke geschnitten
1 Knolle Knoblauch, Zehen einzeln ausgebrochen, ungeschält
1 Handvoll Oregano
4 EL Olivenöl
40 g Butter
1 große Zwiebel, fein gehackt
1 lange rote Chilischote, fein gehackt
300 g Perlgraupen, abgespült
200 ml trockener Weißwein oder Gemüsebrühe
800 ml Gemüsebrühe (siehe Seite 14)
Meersalz und schwarzer Pfeffer

1. Den Backofen auf 190 °C vorheizen. Kürbis, Knoblauch und 3 Stängel Oregano in einer Form mit der Hälfte des Öls vermengen und 20 Minuten im Ofen rösten, bis der Knoblauch weich ist. Knoblauch und Oregano entfernen, Kürbis wenden und nochmals 10–15 Minuten backen, bis er weich und stellenweise goldgelb ist. In der Zwischenzeit den Knoblauch schälen, grob hacken und beiseitelegen.

2. Die Blättchen vom restlichen Oregano abpflücken, 1 Teelöffel beiseitelegen und den Rest mit dem verbleibenden Olivenöl zu einem Kräuteröl vermengen. Beiseitestellen.

3. Während der Kürbis im Backofen röstet, die Butter in einem großen Topf zerlassen. Zwiebel und drei Viertel des Chilis zugeben und zugedeckt in 8 Minuten dünsten, bis die Zwiebeln glasig, aber nicht eingefärbt sind. Graupen zugeben, gut mit den Zwiebeln vermengen und in 2 Minuten unter Rühren garen, dann mit Wein aufgießen. Den Wein verkochen lassen, anschließend die heiße Brühe unterrühren. Gut verrühren und bei mittlerer Hitze halb zugedeckt 30–40 Minuten köcheln lassen, bis die Graupen zart sind, aber noch etwas Biss haben.

4. Mit Salz und Pfeffer würzen und Kräuteröl, Kürbis und Knoblauch unterrühren. Bei Bedarf noch ein wenig Brühe oder Wasser zugeben, damit das Risotto nicht zu trocken wird. Mit Pfeffer, dem restlichen Oregano und Chili abschmecken und servieren.

Wilden Oregano riecht ihr, bevor ihr ihn seht. Das aromatische, frische Kraut liebt kalkreiche, grasbedeckte Böden. Es hat leicht flaumige Blätter und pinke oder weiße Blüten, die ebenfalls essbar sind. Oregano gehört zur selben Familie wie Majoran, weshalb ihr zum Kochen wahlweise das eine oder das andere verwenden könnt. Wilder Majoran wächst an ähnlichen Stellen wie Oregano.

Polenta

Das Schöne an Polenta, dem festen Brei aus Maismehl oder -grieß, ist ihre Wandlungsfähigkeit und ihr Potenzial als Geschmacksträger – außerdem ist sie preiswert. Ein Grundnahrungsmittel ist Polenta nicht nur in Norditalien, wo sie vor allem im Winter zu Eintöpfen serviert wird. Auch in den amerikanischen Südstaaten wird reichlich Mais angebaut und zu Maisgrieß und -brot weiterverarbeitet. Polenta bietet eine gute Alternative zu kohlenhydratreichen Lebensmitteln wie Reis, Pasta, Brot und Kartoffeln und ist in gemahlener Form sowie in Scheiben zum Braten oder Grillen erhältlich. Gut zu wissen: je gröber das Polentamehl, desto länger die Garzeit und desto kräftiger sollte euer Arm sein, mit dem ihr fortwährend umrühren müsst! Bei Instant-Polenta reduziert sich die Garzeit auf 5–10 Minuten. Polenta ist eine leckere Alternative zu Kartoffelbrei, außerdem bildet sie eine schöne Kruste auf einer Tarte und lässt sich in Würfeln zu Croûtons rösten. Zerkrümelte Polenta könnt ihr zum Umhüllen von Kroketten oder zum Backen verwenden. Um den Geschmack zu verstärken, gebt einfach Butter, Käse, Kräuter oder Chili dazu.

Mit ihrer knusprigen, goldbraunen Hülle und ihrem weichen Innern bilden gegrillte Polenta-Scheiben eine wunderbare Alternative zu geröstetem Brot. Gewürzt mit Parmesan und Chili könnt ihr sie wie Bruschetta mit langsam gegartem marokkanischem Gemüse (siehe Seite 159) belegen. Experimentiert ruhig mit verschiedenen Geschmacksrichtungen, zum Beispiel mit schwarzen Oliven, Kräutern, Gewürzen, getrockneten Tomaten, gegrillten Auberginen oder Artischocken. Polenta lässt sich auch gut einfrieren – ihr müsst sie nur so weit vorbereiten, dass ihr sie in Dreiecke schneiden könnt. Dann die einzelnen Teile auf Backpapier oder einem Brettchen oder kleinen Blech einfrieren. Die gefrorenen Polenta-Scheiben in einen verschließbaren Gefrierbeutel füllen und zum Gebrauch auftauen und grillen.

Polenta-Bruschetta

Für: 4–6 Personen **Zubereitung:** 10 Minuten, plus 30 Minuten Abkühlzeit
Garzeit: 20 Minuten

175 g Instant-Polenta
40 g Butter, gewürfelt
50 g Parmesan, fein gerieben
1 TL getrocknete Chiliflocken
1 TL Meersalz
Olivenöl, zum Bestreichen
Langsam gegartes marokkanisches Gemüse (siehe Seite 159), zum Servieren

1. 850 ml Wasser in einem Topf erwärmen und nach und nach die Polenta einrühren. Aufkochen, dann bei geringer Hitze unter ständigem Rühren 10 Minuten köcheln lassen, bis ein dicker, geschmeidiger Brei entstanden ist. Achtung: Der Brei kann beim Köcheln spritzen. Vom Herd nehmen und Butter, Parmesan, Chili und Salz einrühren.

2. Ein großes Backblech oder zwei flache Auflaufformen dünn mit Öl ausstreichen und die Polenta etwa 2 cm hoch gleichmäßig darauf verstreichen; dann in den Kühlschrank stellen und ca. 30 Minuten abkühlen lassen.

3. Die Grillfunktion des Backofens auf höchste Stufe einstellen (oder eine Grillpfanne benutzen). Polenta in vier Quadrate zerteilen, dann jeweils diagonal in zwei Dreiecke schneiden. Von einer Seite mit Öl bestreichen und mit der eingeölten Seite nach unten 3–4 Minuten grillen, bis sie von außen knusprig und goldbraun ist. Dann die andere Seite mit Öl einstreichen, Polentastücke wenden und nochmals 3–4 Minuten grillen. Mit langsam gegartem marokkanischem Gemüse servieren.

Abbildung auf Seite 85.

Maisbrot mit Käse und Chili

Den Backofen auf 190 °C vorheizen und eine 900-g-Brotform mit **Butter** ausstreichen. **165 g Instant-Polenta, 75 g Mehl, 2 TL Backpulver, ½ TL Natron, 1 TL Meersalz, 1 TL englisches Senfpulver, 1 entkernte und gehackte Chilischote** und **75 g geriebenen reifen Cheddar** in einer großen Schale gut vermengen. **60 g Butter** zerlassen und mit **2 großen verquirlten Eiern, 200 ml Buttermilch** und **3 EL Milch** verrühren. Die flüssigen Zutaten mit den trockenen vermischen und in die vorbereitete Form geben. 35–40 Minuten backen, bis das Brot goldbraun ist und ein in die Mitte gestecktes Stäbchen beim Herausziehen sauber bleibt.

Weiche Polenta

500 ml Gemüsebrühe (siehe Seite 14) und **170 ml Milch** in einem Topf aufkochen. **165 g Instant-Polenta** unter ständigem Rühren einrieseln lassen, würzen und 5 Minuten kochen, bis die Konsistenz weichem Kartoffelbrei ähnelt.

Polenta-Tarte-Boden

Zutaten und Zubereitung wie bei Polenta-Bruschetta (siehe Seite 86). Die fertige Polenta 5 Minuten abkühlen lassen, bis sie beginnt, fest zu werden. Polenta gleichmäßig etwa 5 mm dick auf dem Boden einer mit **Olivenöl** ausgestrichenen Spring- oder Tarteform (Ø 25 cm) verteilen und an den Rändern hochziehen; mit den Resten könnt ihr eventuell auftretende Risse verschließen. Den Backofen auf 190 °C vorheizen und die Polenta in 30 Minuten knusprig backen. Mit Zutaten eurer Wahl belegen.

Kapitel 4

Ein Beutel Nüsse (und Samen & Kerne)

Nüsse sind ein leckerer Snack, aber auch eine wertvolle, nahrhafte Grundzutat in einer Mahlzeit, sei es in einem leichten Salat mit Pekannüssen, Birne und Kapuzinerkresse, einer herbstlichen Maronen-Pilz-Pie, einer Abwandlung der italienischen Kartoffelklößchen in Form von Grieß-Mandelmilch-Gnocchi oder edlen gebackenen Zwiebeln mit Mandelfüllung. Auf ähnliche Weise könnt ihr die unprätentiösen Samen und Kerne für einen cremig-würzigen Tahin-Kürbis-Dip, Sesam-Nori-Küchlein oder köstliche Blätterteigröllchen mit Kürbiskernen verwenden.

Tahin (Sesampaste) ist überraschend vielseitig einsetzbar: Ohne die Paste aus Sesamsamen wäre Hummus nicht gleich Hummus, und wenn ihr einen Löffel Tahin in eine Misobrühe rührt, wird daraus eine nahrhafte Suppe. Ich gebe gern ein wenig Tahin an ein Sojasaucen-Ingwer-Dressing oder verwende es als gesunde Alternative zu Butter. Hier wird die Paste einem Dip aus Butternut-Kürbis beigemischt, der mit knusprigem Fladenbrot serviert wird.

Tahin-Kürbis-Dip

Für: 6 Personen **Zubereitung:** 15 Minuten, plus Zubereitung des Joghurts und Abkühlzeit
Garzeit: 45 Minuten

1 kg Butternut-Kürbis, geschält, entkernt und in mundgerechte Stücke geschnitten
3 EL Olivenöl, plus Olivenöl zum Einstreichen
1 TL gemahlener Piment
125 ml Vollmilchjoghurt (siehe Seite 16) oder griechischer Joghurt
4 gehäufte EL helle Tahin
Saft von 1 Zitrone
2 Knoblauchzehen, zerdrückt
2 TL Granatapfelkerne, optional
1 EL Sesamsamen, geröstet (siehe Seite 18)
1 kleine Handvoll Koriander, gehackt
Meersalz und schwarzer Pfeffer

FÜR DAS FLADENBROT
6 kleine runde Fladenbrote
2 EL Dukka (siehe Seite 109)

1. Den Backofen auf 180 °C vorheizen. Den Kürbis mit Öl und Piment in eine große Schale geben, mit Salz und Pfeffer kräftig würzen und alles von Hand gut vermengen. Auf einem Backblech (eventuell braucht ihr zwei Bleche) gleichmäßig verteilen und 45 Minuten backen, bis der Kürbis weich und an den Rändern leicht gebräunt ist; zwischendurch einmal wenden. Abkühlen lassen.

2. In der Zwischenzeit die Hitze des Ofens für das Aufbacken der Fladenbrote nutzen. Einen Fladen mit etwas Öl bestreichen und im Ofen in 4–5 Minuten knusprig rösten; regelmäßig kontrollieren, das Brot verbrennt schnell. Aus dem Ofen nehmen, nochmals mit etwas Öl einstreichen und mit 1 Teelöffel Dukka bestreuen. Den Vorgang wiederholen, bis alle sechs Fladen geröstet sind. Übereinander- und beiseitelegen.

3. Den Kürbis in einer großen Schale mit Joghurt, Tahin, Zitronensaft, Knoblauch und der Hälfte der Granatapfelkerne vermengen, dann mit einem Kartoffelstampfer zu einer groben Paste zerdrücken. Für eine feinere Paste eine Küchenmaschine oder einen Stabmixer benutzen. Mit Salz und Pfeffer würzen. Mit den restlichen Granatapfelkernen, Sesam und Koriander garnieren und mit knusprigen Fladenbroten servieren.

Dazu passt Auberginen-Meze *(siehe Seite 158).*

Um Fladenbrot frisch zu halten, könnt ihr es im Gefrierschrank aufbewahren und dann bei Bedarf im Ofen oder auf dem Toaster aufbacken.

Saatgut für **schnell- und nachwachsende Salate** ist überall erhältlich und leicht anzubauen. Ihr könnt euch also bequem den ganzen Sommer über mit gemischtem Salat selbst versorgen – an einem geschützten Ort gedeiht er sogar bis in den Winter hinein. Wählt eine Saatgutmischung, die eine große Palette an Farben und Texturen hervorbringt; die Blätter abernten, damit der Salat neu austreibt.

Wenn ich für ein Rezept gehackte Walnüsse benötige, kaufe ich am liebsten Walnussbruch. Das spart mir nicht nur die Mühe, sie zu hacken, Walnussbruch ist auch viel preiswerter als ganze oder halbe Walnüsse. Wenn ihr nur eine kleine Menge Walnüsse rösten müsst, lohnt es nicht, den Backofen dafür anzustellen. Deshalb solltet ihr wenn möglich im Voraus planen und die Walnüsse im Ofen gleich für mehr als ein Gericht rösten.

Salat mit gerösteten Walnüssen

Für: 4 Personen **Zubereitung:** 10 Minuten **Garzeit:** 4 Minuten

1 Brokkoli, Strunk entfernt, in kleine Röschen zerteilt
3 Handvoll Eichblatt- oder anderer rotblättriger Salat, in große Stücke zerpflückt
235 g abgetropfte grüne Linsen (Dose) oder gekochte getrocknete grüne Linsen (siehe Seite 8-9)
½ rote Zwiebel, gewürfelt
2 gekochte Rote Bete, gewürfelt
1 Handvoll Rotkohl, zerkleinert
2 Handvoll Walnussbruch, geröstet (siehe Seite 18)

FÜR DAS DRESSING
4 EL Olivenöl extra vergine
2 EL Balsamicoessig, etwas mehr nach Belieben
1 TL Honig
Meersalz und schwarzer Pfeffer

1. Den Brokkoli in Salzwasser 4 Minuten kochen; er sollte noch bissfest sein. Unter fließend kaltem Wasser abschrecken, dann abtropfen und abkühlen lassen.

2. Für das Dressing die Zutaten vermischen – für ein etwas kräftigeres Dressing nach Belieben etwas mehr Balsamicoessig unterrühren – und mit Salz und Pfeffer würzen.

3. Salatblätter auf einer großen Platte verteilen. Linsen, Zwiebel, Rote Bete, Rotkohl und Brokkoli darübergeben. Mit Dressing beträufeln, vorsichtig vermengen und mit Salz und Pfeffer abschmecken. Mit Walnüssen garnieren und servieren.

Dazu passen Kürbiskernröllchen (siehe Seite 97).

Anstatt den Brokkolistrunk wegzuwerfen, schneidet ihn lieber in dünne Stäbchen und vermengt ihn mit Möhrenstäbchen und Kohlstreifen. Mit einem Senf-Mayonnaise-Dressing ergibt dies eine leckere Alternative zum klassischen Krautsalat.

Das Erfolgsgeheimnis dieses belebenden Salats liegt in der Verbindung unterschiedlicher Texturen, Farben und Geschmacksrichtungen. Die süßen karamellisierten Birnen passen perfekt zu der salzigen Schärfe des Blauschimmelkäses, der pfeffrigen Frische der Salatblätter und den knackigen Pekannüssen. Natürlich könnt ihr diese Zutaten auch variieren, aber ihr solltet darauf achten, dass die salzigen, süßen, weichen und knusprigen Komponenten erhalten bleiben.

Salat mit Pekannüssen, Birne und Kapuzinerkresse

Für: 4 Personen **Zubereitung:** 15 Minuten **Garzeit:** 5 Minuten

1 EL Butter
2 leicht unreife Birnen, geschält, Gehäuse entfernt und jeweils in 8 Spalten geschnitten
1 TL gemahlener Ingwer
1 EL Honig
140 g Brunnenkresse
1 Handvoll Kapuzinerkresse, Blätter und Blüten
1 kleine rote Zwiebel, in dünnen Ringen
2 gekochte Rote Bete, gewürfelt
2 Handvoll Pekannusshälften, geröstet (siehe Seite 18)
100 g Blauschimmelkäse, zerbröckelt

FÜR DAS DRESSING
3 EL Olivenöl extra vergine
1 EL Weißweinessig
1 TL Dijon-Senf
Meersalz und schwarzer Pfeffer

1. Die Butter in einer großen Pfanne zerlassen und die Birnen bei mittlerer Hitze 4 Minuten darin dünsten, bis sie weich sind; zwischendurch einmal wenden. Ingwer und Honig zugeben, die Birnen in der sirupartigen Mischung erneut wenden und nochmals 1 Minute garen.

2. In der Zwischenzeit für das Dressing Öl, Essig und Senf sorgfältig verrühren und mit Salz und Pfeffer würzen.

3. Brunnenkresse und die Blätter der Kapuzinerkresse auf vier Teller verteilen. Mit Zwiebeln und Roter Bete belegen und mit Dressing beträufeln. Salatzutaten vorsichtig vermengen. Salat mit Pekannüssen, Blauschimmelkäse, Birnen und Kapuzinerblüten garnieren und servieren.

Mit ihren fröhlichen bunten Blüten ist sie nicht nur eine schöne Gartenpflanze, Kapuzinerkresse hat außerdem essbare Blätter und Blüten. Die Pflanze ist einfach anzubauen und sehr anspruchslos. Die Blätter haben ein pfeffrig-scharfes Aroma, die Blüten schmecken würzig und leicht süß. Wegen ihres Geschmack und ihres Aussehens passen beide wunderbar in Salate.

Bei dieser römischen Gnocchi-Variante werden die Kartoffeln durch Grieß ersetzt und die Klößchen im Ofen gebacken. Übrig gebliebenen Teig solltet ihr nicht wegwerfen – er hält sich im Kühlschrank mindestens einen Tag und kann zu Bällchen gerollt (nach Belieben in Semmelbröseln wenden) und dann in etwas Fett knusprig ausgebraten werden. Statt die Gnocchi mit Auberginensauce zu servieren, könnt ihr sie auch in einer ofenfesten Form verteilen, mit eurer Lieblingspastasauce bedecken, mit Mozzarella belegen und im Ofen backen.

Grieß-Mandelmilch-Gnocchi

Für: 4 Personen **Zubereitung:** 10 Minuten, plus 1 Nacht Abkühlzeit **Garzeit:** 30 Minuten

2 EL Butter, zerlassen, plus Butter zum Einfetten
500 ml ungesüßte Mandel- oder Cashewkernmilch
1 TL Meersalz
¼ TL schwarzer Pfeffer
150 g Grieß
2 große Eier, leicht verquirlt
85 g Parmesan, fein gerieben
Auberginen-Meze (siehe Seite 158), zum Servieren

1. Ein großes Backblech mit Backpapier auslegen, mit Butter einfetten. Mandelmilch in einen mittelgroßen Topf geben, Salz und Pfeffer einrühren und bei mittlerer Hitze bis knapp unter den Siedepunkt erhitzen. Nach und nach den Grieß einrieseln lassen, dabei mit einem Holzlöffel ständig umrühren. Dann bei geringer Hitze unter Rühren 5 Minuten weiterköcheln lassen, bis eine sehr dicke Masse entstanden ist. Die Masse wird sich von den Topfrändern lösen und das Rühren wird immer schwerer, dennoch sollte die volle Kochzeit eingehalten werden.

2. Den Topf vom Herd nehmen und die Eier, drei Viertel des Parmesans und die Hälfte der Butter untermengen. Die Masse mit einem Spatel gleichmäßig und etwa 1 cm dick auf dem Backpapier verstreichen. Den Spatel dabei hin und wieder in Wasser tauchen, damit die Masse nicht daran kleben bleibt. Mit einem eingefetteten Stück Backpapier bedecken und abkühlen lassen (idealerweise über Nacht, damit die Masse schön fest wird).

3. Den Backofen auf 200 °C vorheizen und ein Blech mit Backpapier auslegen. Aus dem Grießteig 16 Kreise von 6 cm Durchmesser ausstechen und auf das Backpapier legen. Gnocchi mit der restlichen zerlassenen Butter bestreichen und mit dem restlichen Parmesan bestreuen. 25 Minuten backen, bis die Kreise etwas aufgegangen und goldgelb gefärbt sind. Mit Auberginen-Meze servieren.

Ihr bereitet am besten gleich die doppelte Menge zu, friert die übrigen rohen Gnocchi auf einem kleinen Blech ein und gebt sie dann in einen Gefrierbeutel. Vor dem Backen auftauen.

Ich habe immer gern tiefgekühlte Blätterteigquadrate im Gefrierschrank vorrätig (sie sind preiswerter als der fertig ausgerollte Teig aus dem Kühlregal, den man ebenfalls kaufen kann), denn aus ihnen kann man schnell und bequem einen Boden – oder Deckel – für süße oder pikante Kuchen und Tartes zaubern. Dies ist meine vegetarische Variante der beliebten Wurst im Blätterteigmantel.

Kürbiskernröllchen

Für: 10 Personen **Zubereitung:** 15 Minuten, plus 30 Minuten Abkühlzeit
Garzeit: 40 Minuten

2 EL Olivenöl
1 große Zwiebel, fein gehackt
150 g braune Champignons, fein gehackt
4 EL Kürbiskerne
60 g getrocknete Tomaten, fein gehackt
140 g Semmelbrösel (siehe Seite 52)
2 TL Harissa
Abrieb von 1 Bio-Zitrone
2 Eier
1 EL Thymianblätter oder 2 TL getrockneter Thymian
Mehl, zum Bestäuben
400 g Blätterteig (TK), aufgetaut
1 EL Sesamsamen
Meersalz und schwarzer Pfeffer

1. Für die Füllung das Öl in einer großen Pfanne langsam erhitzen und die Zwiebel darin in 5 Minuten glasig dünsten. Pilze zugeben und in 5 Minuten weich garen. Kürbiskerne einrühren und 3 Minuten weitergaren, dabei gelegentlich umrühren, bis sie beginnen zu springen und zu duften. Getrocknete Tomaten zugeben und das Ganze etwas abkühlen lassen; dann in einer Küchenmaschine oder mit einem Stabmixer zu einer groben Paste verarbeiten.

2. Die Paste in einer Schale mit Semmelbröseln, Harissa, Zitronenabrieb, 1 Ei und Thymian verrühren. Mit Salz und Pfeffer würzen, alles gut vermengen und abkühlen lassen.

3. Das zweite Ei in einer Schale verquirlen. Die Arbeitsfläche leicht mit Mehl bestäuben und den Blätterteig zu zwei 38 x 15 cm großen, etwa 5 mm dicken Vierecken ausrollen. Die Kürbispaste halbieren und jeweils eine Hälfte längs in der Mitte der Teigvierecke verteilen; mit den Händen zu zwei großen Teigwürsten formen und gut zusammendrücken, damit die Mischung nicht auseinanderfällt. Die Ränder der Teigblätter mit dem verquirlten Ei bestreichen, über der Füllung zusammenschlagen und gut zusammendrücken, sodass zwei feste Rollen entstehen. Die Enden gerade abschneiden, mit einer Gabel zusammendrücken und jede Rolle in fünf Teile schneiden. Jedes Röllchen mit einem kleinen Messer diagonal leicht einritzen; dann mit Ei bestreichen.

4. Die Röllchen auf ein mit Mehl bestäubtes Backblech legen und mindestens 30 Minuten kalt stellen. Den Backofen auf 220 °C vorheizen. Röllchen mit Ei bestreichen und mit Sesamsamen bestreuen. 20–25 Minuten backen, bis sie aufgegangen und schön gebräunt sind. Vor dem Servieren etwas abkühlen lassen.

Getrocknete Tomaten braucht ihr auch für Pizzata (siehe Seite 119).

Teigreste und Ofenhitze könnt ihr nutzen, um Blätterteigstangen mit Käse zuzubereiten.

Sie sind eine tolle Vorspeise oder eine leichte Mahlzeit: lockere chinesische Klöße mit einer Füllung aus Cashewkernen, Pilzen und Hoisin-Sauce. Übrig gebliebene ungegarte Klöße könnt ihr auf Backpapier oder einem kleinen Blech einfrieren und dann in einen Gefrierbeutel umfüllen.

Yum-Cha-Klöße

Ergibt: 8 Stück **Zubereitung:** 30 Minuten, plus etwa 2 Stunden Gehzeit
Garzeit: 15 Minuten oder mehr, wenn ihr portionsweise gart

5 g Trockenhefe
2 TL Zucker
200 g Mehl, plus Mehl zum Bestäuben
¾ TL Backpulver
1 ½ EL Sonnenblumenöl, plus Öl zum Ausstreichen

FÜR DIE CASHEWKERNFÜLLUNG
200 g braune Champignons, fein gehackt
1 Stück Ingwer (ca. 2,5 cm), geschält und sehr fein gehackt
3 EL Hoisin-Sauce, plus Hoisin-Sauce zum Servieren
3 Frühlingszwiebeln, fein gehackt
55 g geröstete Cashewkerne (siehe Seite 18), fein gehackt
Salz und schwarzer Pfeffer

1. Für den Teig 135 ml lauwarmes Wasser in eine kleine Schale geben und Hefe und Zucker hineinstreuen. Verrühren, bis der Zucker sich aufgelöst hat, dann 10 Minuten stehen lassen. Mehl, ½ TL Salz und Backpulver in eine große Schüssel sieben, vermengen und in die Mitte eine Mulde drücken. Hefemischung und 1 ½ TL Öl in die Mulde geben, alles mit den Händen zu einem weichen Teigball verkneten. Auf einer leicht bemehlten Arbeitsfläche 10 Minuten durchkneten, bis ein elastischer Teig entstanden ist. Die gesäuberte Schüssel mit etwas Öl ausstreichen. Den Teig hineingeben, zugedeckt an einem warmen Ort 2 Stunden gehen lassen, bis sich sein Volumen verdoppelt hat.

2. In der Zwischenzeit die Füllung zubereiten. Dafür eine Wokpfanne bei hoher Temperatur erhitzen, das restliche Öl hineingeben und Pilze und Ingwer etwa 8 Minuten unter ständigem Rühren darin dünsten, bis die Flüssigkeit verdampft ist. Die Mischung in einer Schale mit der Hoisin-Sauce, den Frühlingszwiebeln und Cashewkernen verrühren. Mit Salz und Pfeffer würzen und beiseitestellen.

3. Aus dem Teig auf einer leicht bemehlten Fläche acht Bällchen formen und mit einem feuchten Geschirrtuch bedecken. Ein Bällchen zu einer flachen, 5 mm dicken Scheibe zusammendrücken, dann 1 gehäuften Esslöffel Pilzfüllung in die Mitte geben. Die Teigenden über der Füllung zusammenschlagen und gut zusammendrücken. Den Vorgang siebenmal wiederholen.

4. Die Klöße in einen zweistufigen, mit Backpapier ausgelegten Dampfgarer geben. Mit dem Deckel verschließen und etwa 15 Minuten dämpfen, bis die Klöße schön locker sind (ihr könnt die Klöße auch nacheinander dämpfen). Die warmen Klöße mit Hoisin-Sauce zum Dippen servieren.

Wer **Regenbogenmangold** anbaut, wird den ganzen Sommer über und bis in die Wintermonate hinein mit leuchtend violetten, orangenen, gelben und roten Stielen sowie grünen Blättern belohnt. Ihr müsst nur die äußeren Blätter regelmäßig abernten, damit neue nachwachsen können. Die kleinen, jungen Blätter könnt ihr prima für Salate verwenden, die größeren Blätter schmecken geschmort, gedämpft oder als Pfannengemüse.

In diesem Rezept wird aus sehr einfachen Zutaten mit wenig Mühe etwas ganz Besonderes gezaubert. Die gebackenen Zwiebeln werden lediglich mit ein wenig gedämpftem Mangold serviert, ebenso lecker schmecken sie mit Blumenkohlpüree. Dazu einfach die Röschen in Gemüsebrühe weich kochen, dann mit ein wenig Sahne pürieren und mit Salz und Pfeffer würzen.

Gebackene Zwiebeln mit Mandelfüllung

Für: 4 Personen **Zubereitung:** 10 Minuten **Garzeit:** 1 Stunde 15 Minuten

4 Zwiebeln, ungeschält
4 dicke Scheiben Landbrot
4 EL Olivenöl
4 TL Balsamicoessig
Meersalz und frisch gemahlener Pfeffer
Gedämpfter Mangold, zum Servieren

FÜR DIE MANDELFÜLLUNG
55 g abgezogene Mandeln, geröstet (siehe Seite 18)
55 g Sonnenblumenkerne, geröstet (siehe Seite 18)
3 EL Semmelbrösel (siehe Seite 52)
Abrieb von 1 Bio-Zitrone
4 EL glatte Petersilie, gehackt
2 EL Rosmarin oder Salbei, gehackt

1. Den Backofen auf 180 °C vorheizen. Den Boden der Zwiebeln abschneiden, damit sie gerade stehen, dann von oben kreuzweise bis zur Mitte einschneiden. Lose Schalenteile entfernen und jede Zwiebel auf einer Scheibe Brot in eine kleine ofenfeste Form setzen. Ein Viertel des Öls und Balsamicoessig über die Zwiebeln träufeln und mit Salz und Pfeffer würzen. Die Form mit Alufolie abdecken und die Zwiebeln im Ofen 1 Stunde backen, bis sie von innen weich sind; mit einem kleinen Spieß den Gartest machen.

2. In der Zwischenzeit die Füllung zubereiten. Dafür die abgezogenen Mandeln und die Sonnenblumenkerne in einer kleinen Küchenmaschine oder mit einem Mörser grob zermahlen. In eine Schale geben, die weiteren Zutaten für die Füllung sowie das restliche Olivenöl zugeben, mit Salz und Pfeffer würzen und alles gut vermengen.

3. Die Zwiebeln aus dem Ofen nehmen. Alufolie entfernen, Zwiebeln vorsichtig öffnen und die Füllung gleichmäßig darauf verteilen; dazu die Füllung mit einem Löffel in die Mitte jeder Zwiebel drücken. Dann in den Ofen zurückstellen und unbedeckt weitere 15 Minuten backen, bis die gefüllten Zwiebeln leicht gebräunt sind. Die Zwiebeln auf den gebackenen Brotscheiben auf vier Teller geben, daneben den Mangold anrichten, sofort servieren.

Tempeh wird wie Tofu aus fermentierten Sojabohnen hergestellt, hat aber eine gröbere Struktur. Ihr erhaltet Tempeh in einem Bio-Supermarkt.

Tempeh mit Erdnusssauce

Für: *4 Personen* ***Zubereitung:*** *15 Minuten, plus mindestens 1 Stunde Marinierzeit*
Garzeit: *25 Minuten*

2 EL dunkle Sojasauce
1 EL Honig
1 EL Sonnenblumenöl
1 EL geröstetes Sesamöl
200 g Tempeh oder Tofu, abgetropft, trocken getupft und gewürfelt
250 g Eiernudeln
Frühlingszwiebeln, gehackt, und Korianderblätter, zum Servieren

FÜR DIE ERDNUSSSAUCE
75 g Erdnussbutter
2 EL Reisweinessig
2 EL dunkle Sojasauce
2 EL brauner Zucker
1 EL Tahin
½ TL getrocknete Chiliflocken
1 Stück Ingwer (ca. 2,5 cm), geschält und gehackt
1 TL Kurkuma

1. Sojasauce, Honig, Sonnenblumenöl und Sesamöl in einem tiefen Teller gut verrühren. Tempeh zugeben und sorgfältig in der Marinade wenden, dann mindestens 1 Stunde marinieren lassen – je länger, desto besser.

2. In der Zwischenzeit die Erdnusssauce zubereiten. Dafür alle Zutaten mit 4 Esslöffeln heißem Wasser gründlich verrühren, bis eine glatte Sauce entsteht, dann beiseitestellen.

3. Den Backofen auf 190 °C vorheizen. Tempeh aus der Marinade nehmen und auf einem großen Backblech verteilen. Dann in 25 Minuten goldbraun rösten, zwischendurch einmal wenden.

4. In der Zwischenzeit die Nudeln nach Packungsanweisung kochen. Dann abgießen und ein wenig Kochwasser aufheben. Nudeln in den Topf zurückgeben und die Erdnusssauce unterrühren; dabei so viel Kochwasser wie nötig zugeben, damit eine leicht flüssige Sauce entsteht. Tempeh über die Erdnussnudeln geben und mit Frühlingszwiebeln und Koriander garnieren, anschließend servieren.

Tahin braucht ihr auch für den Tahin-Kürbis-Dip (siehe Seite 90).

Mein Tipp:
Die doppelte Menge Erdnusssauce zubereiten, sie hält sich im Gefrierschrank bis zu drei Monate. Mit etwas Wasser erwärmen und als Sauce, Dip oder Grundlage für ein Dressing verwenden.

Dieses Curry verändert sich immer wieder, je nachdem, was ich gerade so dahabe. Ihr könnt auch eine Kombination aus roten Paprikaschoten, Spinat und Pilzen wählen oder im Winter Wurzelgemüse verwenden. Ebenso könnt ihr eure eigene Gewürzmischung kreieren (siehe Seite 15); diese hier ist von der Küche Sri Lankas inspiriert und passt gut zu Currys auf Kokosnussbasis.

Sri-lankisches Kokosnusscurry

Für: 4 Personen **Zubereitung:** 15 Minuten, plus Zubereitung der Gewürzmischung
Garzeit: 25 Minuten

1 große Zwiebel, geschält und gehackt
4 Knoblauchzehen, geschält
1 Stück Ingwer (ca. 5 cm), geschält und in dünne Scheiben geschnitten
3 EL Sonnenblumenöl
2 ½ EL Curry-Gewürzmischung (siehe Seite 15) oder mittelscharfes Currypulver
400 ml Kokosmilch
3 Tomaten, entkernt und gehackt
1 TL Instant-Gemüsebrühe
1 Blumenkohl, in kleine Röschen zerteilt
100 g feine grüne Bohnen, jeweils gedrittelt
Saft von 1 Limette
1 TL brauner Zucker
3 Handvoll Koriander, Blätter und Stiele gehackt
Meersalz und schwarzer Pfeffer
2 EL geröstete Mandelplättchen, zum Servieren

1. Zwiebel, Knoblauch und Ingwer in einer Küchenmaschine oder mit einem Stabmixer zu einer groben Paste zerkleinern. Das Öl in einer großen Pfanne mit schwerem Boden langsam erhitzen und die Zwiebelpaste darin in 5 Minuten weich braten, dabei regelmäßig rühren.

2. 2 Esslöffel der Gewürzmischung einrühren, Kokosmilch, Tomaten und 250 ml Wasser untermengen und bis zum Siedepunkt erhitzen. Gemüsebrühe einrühren, Hitze etwas reduzieren und 5 Minuten köcheln lassen.

3. Blumenkohl und grüne Bohnen zugeben und halb zugedeckt 12 Minuten köcheln lassen, bis das Gemüse fast gar ist. Limettensaft, Zucker, zwei Handvoll Koriander und die restliche Gewürzmischung unterrühren. Kräftig würzen und halb zugedeckt weitere 3 Minuten kochen, bis das Gemüse zart ist. Wenn die Sauce noch etwas eindicken soll, einfach den Deckel abnehmen. Mit Mandelplättchen und dem restlichen Koriander garnieren und servieren.

Kokosmilch in Dosen ist in asiatischen Lebensmittelläden oft preiswerter, ihr findet sie aber auch in größeren Supermärkten.

Wild wachsende Maronen schmecken in dieser herbstlichen Pie mit ihrer schönen Kruste einfach köstlich. Wenn ihr sie im Backofen rösten wollt, schneidet auf jeden Fall vorher die Schale etwas ein, sonst explodieren sie – glaubt mir, ich spreche aus Erfahrung!

Maronen-Pilz-Pie

Für: 4–6 Personen **Zubereitung:** 20 Minuten, plus 30 Minuten Abkühlzeit
Garzeit: 1 Stunde

2 EL Sonnenblumenöl
3 Stangen Lauch, gehackt
2 Möhren, gewürfelt (oder andere Reste von gekochtem Wurzelgemüse)
375 g braune Champignons, gehackt
3 Knoblauchzehen, fein gehackt
200 g Maronen, gekocht, geschält und gehackt
1 gehäufter EL Salbei, gehackt
1 gehäufter EL Thymian oder 2 TL getrockneter Thymian
1 gehäufter EL Mehl
200 ml helles Bier
200 ml Gemüsebrühe (siehe Seite 14)
1 Ei, leicht verquirlt
Meersalz und schwarzer Pfeffer

FÜR DEN ÖLTEIG
250 g Mehl, plus Mehl für die Arbeitsfläche
½ TL Backpulver
125 g Pflanzenöl
½ TL Meersalz

1. Für den Teig das Mehl, Backpulver, Öl und Salz in einer großen Schüssel vermengen. 160 ml Wasser unterrühren und alles mit den Knethaken eines Handrührgeräts zu einem geschmeidigen Teig verkneten. In Frischhaltefolie einwickeln und für 30 Minuten in den Kühlschrank legen.

2. In der Zwischenzeit die Füllung zubereiten. Dafür das Öl in einer großen Pfanne mit schwerem Boden erhitzen. Lauch und Möhren zugeben, die Hitze etwas reduzieren und halb zugedeckt in 6 Minuten dünsten, bis der Lauch zart ist. Pilze zugeben und in weiteren 4 Minuten garen, bis sie zart sind. Dann Knoblauch, Maronen und Kräuter zugeben, Mehl unterrühren und unter ständigem Rühren 1 Minute garen. Mit Bier aufgießen und etwa 5 Minuten ohne Deckel köcheln lassen, bis sich die Flüssigkeit um die Hälfte reduziert hat. Gemüsebrühe zugeben und halb zugedeckt 10 Minuten kochen. Wenn die Sauce zu dünn ist, den Deckel abnehmen. Mit Salz und Pfeffer würzen.

3. Den Backofen auf 190 °C vorheizen. Die Füllung in eine große Auflaufform (25 × 29 cm) geben. Den Teig auf einer leicht bemehlten Arbeitsfläche etwa 5 mm dick ausrollen. Vom Rand ringsum einen 1 cm breiten Streifen abschneiden. Den Rand der Form mit etwas Ei einstreichen, mit dem Teigstreifen auskleiden und diesen ebenfalls mit Ei bestreichen. Den Teigdeckel auf die Füllung legen und ein wellenförmiges Muster in den Rand drücken. Mit Ei bestreichen und mit einer Gabel mehrfach einstechen. 30 Minuten backen, bis die Pie gar und goldgelb gefärbt ist.

Maronen könnt ihr im Herbst sammeln. Sie sind leichter zu ernten, wenn sie schon runtergefallen sind, aber ihr müsst früh zur Stelle sein, bevor die Eichhörnchen sie euch wegschnappen! Kocht die Maronen, bis sie innen weich sind, spült sie dann kalt ab und schält sie. Alternativ könnt ihr sie im Ofen backen oder in einem speziellen Maronentopf auf einer Kochplatte oder sogar über dem offenen Feuer kochen.

Sesamsamen

Das ursprünglich afrikanische Gewächs wurde von Sklaven nach Amerika gebracht, und bis heute werden die unscheinbaren Samen in überraschend unterschiedlichen Ländern rund um den Globus zum Kochen verwendet; ihre winzige Größe scheint sie in ihrem Siegeszug nicht behindert zu haben. In Europa zum Beispiel werden Sesamsamen vor dem Backen über süßes und pikantes Gebäck und über Brote gestreut. Im Mittleren Osten dagegen werden sie zu einer dicken, cremigen Paste verarbeitet, die als Tahin bekannt ist. In Japan ist Gomasio – gemahlene Sesamsamen mit Salz – ein beliebtes Gewürz und in Fernost wird geröstetes Sesamöl häufig über fertige Gerichte geträufelt. Sesamsamen, die in Rot, Schwarz, Gelb oder in gewöhnlicherem Cremeweiß vorkommen, haben einen hohen Ölgehalt und werden deshalb am besten in einem luftdichten Behälter im Kühlschrank oder Gefrierschrank aufbewahrt, damit sie nicht ranzig werden.

Das nussige Aroma von Sesamsamen lässt sich wunderbar verstärken, indem man sie in einer Pfanne ohne Fett leicht röstet, bis sie sich goldbraun färben. In diesem Rezept wird der Sesam mit gerösteten Nori-Flocken kombiniert, mit klebrigem Sushi-Reis vermengt und zu japanisch inspirierten Küchlein geformt, dann mit Blattgemüse und dünnen Omelettstreifen belegt und mit scharfen Radieschensprossen garniert.

Sesam-Nori-Küchlein

Für: *4 Personen* ***Zubereitung:*** *15 Minuten, plus 10 Minuten Ruhezeit*
Garzeit: *25 Minuten*

375 g Sushi-Reis, dreimal abgespült
2 Nori-Blätter
3 EL Sesamsamen
25 g Butter
6 Eier
2 gehäufte EL Radieschensprossen
Meersalz und schwarzer Pfeffer

FÜR DAS BLATTGEMÜSE
1 Spitzkohl oder 4 Pak Choi, in Streifen
2 EL scharfer Senf
4 EL Zitronensaft
2 EL helle Sojasauce

1. Den Reis in einem Topf mit 500 ml Wasser bedecken und 1 Teelöffel Salz zugeben. Aufkochen, dann zugedeckt bei sehr geringer Hitze 10–12 Minuten köcheln lassen, bis er das Wasser komplett aufgenommen hat und schön klebrig ist. Vom Herd nehmen und 10 Minuten zugedeckt stehen lassen, bis er etwas abgekühlt ist.

2. In der Zwischenzeit eine große Pfanne langsam erhitzen. Die Nori-Blätter darin einzeln von jeder Seite 1 ½ Minuten rösten, bis sie knusprig sind; dann abkühlen lassen. Anschließend die Sesamsamen in der Pfanne in 2 Minuten goldbraun rösten.

3. Die Sesamsamen zum Reis geben. Nori-Blätter in kleine Stücke reißen und ebenfalls unter den Reis mengen, den Topfdeckel auflegen und kurz beiseitestellen. Das Blattgemüse in 3 Minuten dämpfen; es sollte nicht zu weich werden. Währenddessen den Senf mit Zitronensaft, Sojasauce und 2 Esslöffeln Wasser verrühren. Das Blattgemüse in eine Schale füllen, Senfdressing darübergeben und alles gut vermengen.

4. Für die Omeletts die Hälfte der Butter in der Pfanne zerlassen. 3 Eier in einer Schale leicht verquirlen, mit Salz und Pfeffer würzen und in die Pfanne geben. Die Hitze etwas reduzieren und die Eiermasse durch Schwenken gleichmäßig auf dem Boden der Pfanne verteilen, dann garen, bis die Masse fest ist. Omelett aufrollen, beiseitelegen und mit den restlichen Eiern in der restlichen Butter ein zweites Omelett zubereiten. Beide Omeletts quer in dünne Streifen schneiden. Mit feuchten Händen aus der Reismischung vier runde Küchlein formen. Das angemachte Blattgemüse darübergeben, mit Omelettstreifen und Radieschensprossen garnieren und servieren.

Abbildung auf Seite 107.

Dukka

Diese ägyptische Mischung aus gerösteten Nüssen, Samen, Kernen und Gewürzen macht süchtig. **3 EL Koriander, 1 EL Kreuzkümmel** und je **3 EL Sesamsamen, Sonnenblumenkerne und Kürbiskerne** in einer großen Pfanne ohne Fett in 2–3 Minuten rösten, bis sie duften und eine leichte Färbung annehmen; dabei hin und wieder rütteln. Auf einen Teller geben und abkühlen lassen. **55 g abgezogene Mandeln** und **30 g Haselnüsse** in derselben Pfanne in 5 Minuten rösten, dann abkühlen lassen. Geröstete Nüsse, Samen, Kerne und Gewürze in einer kleinen Mühle zu einer groben Mischung zermahlen. In eine Schale geben, **½ TL getrocknete Chiliflocken** unterrühren und mit **Salz** und **Pfeffer** kräftig würzen.

Tamari-Nüsse und -Samen

Nüsse im Tamari-Mantel sind ein leckerer Snack, schmecken aber auch gut über Pfannen- und Reisgerichten und sind im Handumdrehen zubereitet. Den Backofen auf 170 °C vorheizen. **2 Handvoll gemischte Nüsse,** etwa Mandeln, Cashewkerne oder Erdnüsse, in eine Schale geben. **2 Handvoll gemischte Samen und Kerne,** etwa Sesamsamen, Sonnenblumenkerne und Kürbiskerne, dazugeben, dann **2–3 EL Tamari- oder Sojasauce** darüberträufeln und alles gut vermengen. Gleichmäßig auf einem großen Backblech (vielleicht braucht ihr auch zwei) verteilen. In 10–12 Minuten rösten, dabei regelmäßig wenden, bis die Kerne zu duften beginnen. Immer wieder kontrollieren, ob die Nüsse auch nicht anbrennen. In eine Schale geben, abkühlen lassen und in einem luftdichten Behälter aufbewahren.

Löwenzahnsalat mit Sesam und Orange

2 EL Sesamsamen in einer Pfanne ohne Fett goldbraun rösten. **2 Handvoll junge Löwenzahnblätter** waschen, trocken schütteln und mit **2 Handvoll Brunnenkresse** auf einer Servierplatte anrichten. **1 geschälte Orange** in Scheiben schneiden und auf dem Salat verteilen. **2 EL Olivenöl extra vergine** mit **1 TL Honig** und **1 EL Zitronensaft** verrühren, mit **Salz** und **Pfeffer** würzen und das Dressing über den Salat träufeln.

Kapitel 5

Ein Karton Eier

Es ist ein vollwertiges, nahrhaftes Lebensmittel mit einer praktischen, individuellen Verpackung: Das Ei ist ein Wunderwerk an Wandlungsfähigkeit und sehr preiswert. Als Rührei, gekocht, gebraten, pochiert oder gebacken, in dicken Saucen, als Bindemittel für Bratlinge oder um Pies einen schönen Glanz zu geben – Eier sind in meiner Küche eine unverzichtbare Zutat. Und man kann mit ihnen so leckere Gerichte herstellen, zum Beispiel doppelt gebackene Käsesoufflés, Osterpasteten mit Ei, tunesische Eier mit Kräuterjoghurt und nicht zuletzt Mangold-Parmesan-Tortino – all diese Rezepte findet ihr in diesem Kapitel.

Dieses Gericht basiert auf dem Rezept der kultigen griechischen Avgolemono-Suppe, wird aber mit Gemüsebrühe zubereitet und enthält Zucchini. Ihr könnt es als leichten ersten Gang oder sommerliches Mittagessen servieren. Damit die Suppe noch sättigender wird, könnt ihr sie einfach mit anderem Gemüse anreichern, etwa mit Spargelspitzen, frischen Erbsen oder dicken Bohnen, wenn sie Saison haben. Ich verwende hier Vermicelli-Pasta, aber ihr könnt auch Orzo-Pasta, Reis oder sogar dünne Eiernudeln nehmen.

Griechische Eier-Zitronen-Suppe

Für: 4 Personen **Zubereitung:** 10 Minuten, plus Zubereitung der Brühe
Garzeit: 3 Minuten

1,2 l Gemüsebrühe (siehe Seite 14)
115 g Vermicelli
1 große oder 2 kleine Zucchini, gewürfelt
Saft und Abrieb von 1 Bio-Zitrone
2 TL Maismehl
2 große Eier
Meersalz und schwarzer Pfeffer
Fenchelkraut, zum Servieren

1. Die Gemüsebrühe in einem großen Topf aufkochen. Vermicelli und Zucchini zugeben und in 3 Minuten weich kochen. Mit Salz und Pfeffer würzen.

2. In der Zwischenzeit Zitronensaft und -abrieb in einer Schüssel mit dem Maismehl verrühren, bis sich das Mehl gelöst hat. Dann die Eier unterschlagen, bis alles gut vermengt ist.

3. Den Topf vom Herd nehmen, einen Löffel heiße Brühe zur Eiermischung geben und gut verschlagen. Eiermischung in den Topf mit der Brühe gießen und unter ständigem Rühren einige Minuten köcheln, bis die Suppe leicht eingedickt ist. Mit Fenchelkraut und frischem Pfeffer servieren.

Gebt das Ei in eine Schale mit kaltem Wasser: Wenn es nach unten sinkt, ist es sehr frisch. Wenn es leicht nach oben kippt, kann es bis zu zwei Wochen alt sein. Wenn es an der Oberfläche schwimmt, solltet ihr es wegwerfen.

Wilder Fenchel gedeiht den ganzen Sommer über, vor allem auf brachliegenden Flächen. Das Kraut hat wie der Gemüsefenchel einen anisähnlichen Geschmack, bringt allerdings keine Knollen hervor. Ihr könnt das Kraut als aromatisches Gewürz verwenden, die dünnen Stängel schmecken aufgeschnitten in Salaten. Die gelben Blütendolden bilden Samen aus, die im Herbst geerntet und getrocknet werden können.

Frühlingszwiebeln sind leicht anzubauen, ihr könnt sie in Töpfen an einem sonnigen Ort aussäen oder in fruchtbarem Boden. Sie wachsen sehr schnell; ihr solltet sie regelmäßig von Frühling bis in den späten Sommer aussäen, so seid ihr stetig versorgt. Junge Triebe ausdünnen, damit die Pflanze nicht zu üppig sprießt, und wie Schnittlauch in Salaten, Pfannengerichten, Pilaws, Tortillas oder Kartoffelbrei verwenden.

Dieses mexikanische Gericht ist eine wunderbare Möglichkeit, leicht altbackene Tortillas zu verwerten (die bei mir die Tendenz haben, in der hintersten Ecke des Brotkorbs herumzulungern). Ich kann nicht behaupten, dass meine Variante dieses klassischen Gerichts authentisch ist, denn statt die Tomatensalsa in die Tortillas zu geben, mische ich sie in das Rührei und belege damit die knusprig gebackenen Tortillas, aber es ist ein tolles Familienessen.

Chilaquiles

Für: 4 Personen **Zubereitung:** 15 Minuten **Garzeit:** 17 Minuten

6 Maistortillas
Sonnenblumenöl, zum Braten
4 Strauchtomaten, entkernt und gewürfelt
6 Frühlingszwiebeln, in dünnen Ringen
1 rote Chilischote, entkernt und gehackt
1 große Handvoll Koriander, gehackt
30 g Butter

10 Eier, leicht verquirlt
1 kleiner Schuss Chilisauce
Meersalz und schwarzer Pfeffer

ZUM SERVIEREN
Jalapeños (Glas), gehackt
Feta oder anderer Weichkäse, zerbröckelt

1. Die Tortillas übereinanderlegen und in zwölf Spalten schneiden. Den Boden einer großen Pfanne mit Öl bedecken und langsam erwärmen. Die Tortillastücke in vier Portionen von jeder Seite in etwa 1 Minute goldbraun und knusprig braten, dann auf Küchenpapier abtropfen lassen und beiseitestellen.

2. Tomaten, Frühlingszwiebeln, Chili und die Hälfte des Korianders vermengen. Das Öl bis auf 1 Esslöffel aus der Pfanne nehmen, die Hitze reduzieren und die Butter zugeben. Sobald die Butter geschmolzen ist, die Tomatensalsa zugeben und unter ständigem Rühren 3 Minuten garen.

3. Die Eier mit Salz und Pfeffer würzen und die Chilisauce einrühren. Eier in die Pfanne geben und bei geringer Hitze garen; dabei vorsichtig umrühren, bis sie stocken und ein Rührei entstanden ist.

4. Die Tortillaspalten auf vier Teller verteilen, mit dem Rührei belegen und mit dem restlichen Koriander bestreuen. Jalapeños und Feta darüberstreuen und servieren.

Das Aroma von Tomaten, die am Strauch gereift sind, ist einfach unschlagbar. Wenn eure Tomaten noch zu hart sind, lagert sie in einem Papierbeutel zusammen mit einer reifen Banane oder einem Apfel, um den Reifeprozess zu befördern; die gleiche Methode funktioniert auch bei Avocados.

Bei diesem Gericht, das vorwiegend aus Grundzutaten besteht, könnt ihr wunderbar alles Mögliche zusammenwürfeln. Es gibt viele nordafrikanische Varianten der tunesischen Eier, die alle auf derselben Idee basieren, sich aber in der Wahl der Gewürze und Kräuter unterscheiden. Vor dem Servieren garniere ich das Gericht gern mit zerbröckeltem Paneer (siehe Seite 17) oder anderem weichen, krümeligen Käse.

Tunesische Eier mit Kräuterjoghurt

Für: 4 Personen **Zubereitung:** 15 Minuten **Garzeit:** 30 Minuten

3 EL Olivenöl
1 große Zwiebel, fein gehackt
3 Knoblauchzehen, fein gehackt
1 große rote Paprikaschote, vom Kerngehäuse befreit und gehackt
2 TL gemahlener Koriander
1 TL gemahlener Kreuzkümmel
1 TL scharf geräuchertes Paprikapulver
½ TL getrocknete Chiliflocken
2 TL Thymian oder 1 TL getrockneter Thymian
400 g gehackte Tomaten (Dose)
1 TL brauner Zucker
4 große Eier
Meersalz und schwarzer Pfeffer
Frisches Brot, zum Servieren

FÜR DEN KRÄUTERJOGHURT
150 ml Vollmilchjoghurt (siehe Seite 16) oder griechischer Joghurt
1 Knoblauchzehe, zerdrückt
4 gehäufte EL Koriander, gehackt
2 EL Minze, gehackt, plus gehackte Minze zum Servieren
1 kleine Handvoll Walnussbruch, geröstet
¼ TL Sumak, optional

1. Das Öl in einer tiefen Pfanne langsam erhitzen und die Zwiebel darin in 6 Minuten glasig dünsten. Knoblauch und rote Paprika zufügen und weitere 3 Minuten dünsten; sobald die Zutaten zu bräunen beginnen, die Hitze etwas reduzieren. Gewürze und Thymian unterrühren, dann Tomaten und Zucker zugeben und das Ganze aufkochen.

2. Bei geringer Hitze halb zugedeckt in 10 Minuten einköcheln lassen, bis eine dickflüssige Sauce entstanden ist. Mit Salz und Pfeffer würzen und vier gleichmäßige Mulden in die Sauce drücken. Die Eier in die Mulden schlagen und zugedeckt etwa 8 Minuten garen, bis die Eiweiße gestockt, die Eigelbe aber noch etwas flüssig sind.

3. Während die Eier garen, den Joghurt mit Knoblauch, Koriander und Minze in einer Schale verrühren. Mit Salz und Pfeffer würzen und mit Walnüssen und etwas Sumak bestreuen. Die Eier mit Minze garnieren und mit Kräuterjoghurt und frischem Brot servieren.

Spiegeleier zuzubereiten ist eine unkomplizierte Sache, und die Menge lässt sich spontan vergrößern oder verkleinern, je nachdem, wie viele Kommilitonen ihr satt kriegen müsst. Diese Variante wird mit Currycreme kombiniert und ist eine einfache Abwandlung der klassischen Florentiner Eier mit Spinat, Sahne und etwas Käse. Ich habe hier einige wild gesammelte Wiesenchampignons verwertet, aber ihr könnt ebenso gut – mit viel Sammlerglück – Steinpilze verwenden.

Würzige Spiegeleier

Für: 4 Personen **Zubereitung:** 10 Minuten **Garzeit:** 25 Minuten

30 g Butter, plus Butter zum Einfetten
2 TL Olivenöl
250 g Wiesenchampignons oder Pilze eurer Wahl, fein gehackt
5 große Handvoll Mangold, harte Stiele entfernt, Blätter zerpflückt
4 große Eier
125 ml Crème double
1 EL mildes Currypulver
Meersalz und schwarzer Pfeffer
Geröstetes Brot, zum Servieren

1. Den Backofen auf 190 °C vorheizen und vier ofenfeste Förmchen dünn mit Butter ausstreichen. Butter und Öl in einer großen Pfanne langsam erhitzen. Pilze darin 4 Minuten garen, bis die Flüssigkeit vollständig verdampft ist und die Pilze beginnen, Farbe zu nehmen. Den Mangold zugeben und in weiteren 3–4 Minuten weich dünsten.

2. Die Pilzmischung auf die vier Förmchen verteilen und jeweils 1 Ei darüberschlagen. Crème double und Currypulver verrühren, mit Salz und Pfeffer würzen und die Eier mit der Currycreme bedecken.

3. Die Förmchen in eine tiefe ofenfeste Form stellen und so viel siedendes Wasser in die Form gießen, dass die Förmchen zu drei Vierteln im Wasser stehen; so können die Eier gleichmäßig garen. Die Form vorsichtig in den vorgeheizten Ofen stellen und 16–18 Minuten backen, bis die Eiweiße gerade gestockt und die Eigelbe noch flüssig sind (wenn ihr sie fester mögt, lasst die Form einfach etwas länger im Ofen). Mit Pfeffer würzen und mit geröstetem Brot servieren.

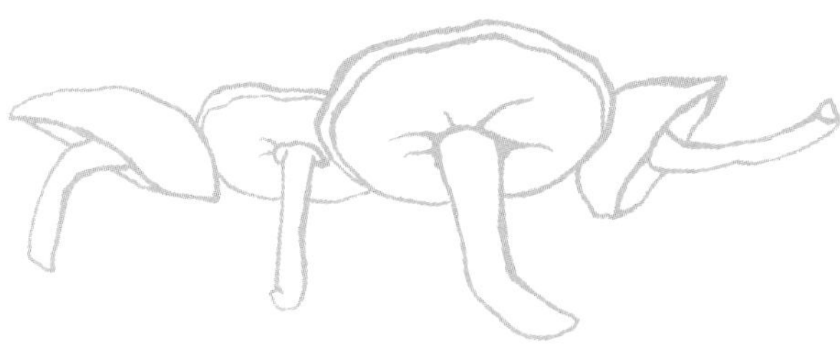

Dies ist eine Kreuzung der beiden Lieblingsgerichte meiner Kinder: Pizza und Frittata. Serviert mit einem gemischten Salat ist es eine einfache Alternative zum Mensaessen. Fühlt euch frei, den Belag nach eurem Geschmack zu variieren, je nachdem, was ihr gerade vorrätig habt; so könnt ihr wunderbar alle möglichen Reste verwerten, zum Beispiel Käse, Gemüse, Oliven oder Kapern. Ihr braucht nur eine Pfanne mit schwerem Boden und einem ofenfesten Griff.

Pizzata

Für: 4 Personen **Zubereitung:** 15 Minuten **Garzeit:** 20 Minuten

3 Kartoffeln, geschält und geviertelt
2 EL Olivenöl
1 große Zwiebel, gehackt
4 getrocknete Tomaten, gehackt
8 Eier, leicht verquirlt
125 g Mozzarella, abgetropft, trocken getupft und in Stücke zerpflückt
1 lange rote Chilischote, entkernt und gehackt, optional
6 TL Basilikumpesto
1 Handvoll Basilikum
Meersalz und schwarzer Pfeffer

1. Die Kartoffeln in Salzwasser in 10 Minuten weich kochen. Abgießen, etwas abkühlen lassen und in Würfel schneiden.

2. In der Zwischenzeit das Öl in einer tiefen ofenfesten Pfanne erhitzen und die Zwiebel darin in 8 Minuten glasig dünsten. Kartoffeln und getrocknete Tomaten zugeben und gleichmäßig auf dem Pfannenboden verteilen.

3. Die Grillfunktion des Backofens auf mittlere Hitze einstellen. Die Eier mit Salz und Pfeffer würzen, dann über die Kartoffelmischung in die Pfanne geben und bei mittlerer Hitze 8 Minuten ohne Rühren vorsichtig garen, bis sie stocken. Mit Mozzarella und Chili bestreuen und das Pesto darauf in Klecksen verteilen. 2–3 Minuten im Ofen grillen, bis der Mozzarella geschmolzen ist. Pizzata in Tortenstücke schneiden, mit Basilikum garnieren und servieren.

Getrocknete Tomaten braucht ihr auch für die Kürbiskernröllchen *(siehe Seite 97).*

Wenn eure Pfanne die Beschichtung verloren hat, könnt ihr sie durch Erhitzen zu neuem Leben erwecken. Zunächst gebt ihr ein wenig Öl hinein und reibt die Pfanne dann mit Küchenpapier gleichmäßig ein. Anschließend die Pfanne bei hoher Temperatur erhitzen, bis das Öl zu rauchen beginnt, dann vom Herd nehmen. Mit einem zusammengeknüllten Stück Küchenpapier den Boden der Pfanne abreiben. Achtung, dass ihr euch dabei nicht verbrennt. Die Pfanne abkühlen lassen, und schon ist sie wieder gebrauchsfertig.

Dieses Rezept basiert auf der griechischen, mit Wildkräutern gefüllten Osterpastete, mit der traditionell der Frühlingsanfang gefeiert wird. Hier habe ich in der Mitte jeder Pastete ein Ei versteckt. Statt der Metallförmchen könnt ihr für die Zubereitung auch ein Muffinblech benutzen.

Osterpasteten mit Ei

Für: 4 Personen **Zubereitung:** 20 Minuten **Garzeit:** 55 Minuten

60 g Butter, zerlassen
5 kleine Eier
2 EL Olivenöl
1 große Zwiebel, fein gehackt
2 Knoblauchzehen, fein gehackt
260 g Blattgemüse, etwa Brennnesseln, Rucola und Mangold, Stiele entfernt, Blätter zerpflückt
250 g Quark
4 TL Thymian oder 2 TL getrockneter Thymian
½ TL Muskat, frisch gerieben
8 Filoteigblätter (30 × 26 cm)
Meersalz und schwarzer Pfeffer

1. Den Backofen auf 190 °C vorheizen und vier tiefe Metallförmchen (Fassungsvermögen jeweils 200 Milliliter) mit etwas zerlassener Butter ausstreichen. 4 Eier hart kochen, kalt abschrecken, pellen und beiseitestellen. Das Öl in einer großen Pfanne langsam erhitzen und die Zwiebel darin in 8 Minuten glasig dünsten. Knoblauch einrühren und in weiteren 2 Minuten unter ständigem Rühren dünsten.

2. Wenn ihr Brennnesseln benutzt, diese gut waschen und in einem Topf ohne zusätzliches Wasser 4 Minuten kochen, um die Brennhaare zu neutralisieren. Gut abtropfen lassen, trocken tupfen und mit der Zwiebelmischung in eine Schüssel geben. Blattgemüse, Quark, Thymian und Muskat einrühren. Das restliche Ei verquirlen, zugeben, mit Salz und Pfeffer würzen und alles gut vermengen.

3. Ein Filoteigblatt zur Hälfte mit Butter einstreichen, die andere Seite darüberschlagen und so die gebutterte Seite bedecken. Mit dem Teigblatt vorsichtig eines der vorbereiteten Förmchen auslegen, überschüssigen Teig über den Rand hängen lassen. Den Vorgang mit einem zweiten Filoteigblatt wiederholen, dann dieses quer zum ersten Blatt in das Förmchen legen, und den Teig oben wieder über den Rand hängen lassen.

4. 1 großen Esslöffel Blattgemüse in das mit Teig ausgelegte Förmchen geben und 1 hart gekochtes Ei daraufsetzen. Weiteres Blattgemüse um das Ei herum und auf dem Ei verteilen, mit den Fingerspitzen herunterdrücken, sodass das Förmchen vom Boden bis zum Rand gefüllt ist. Den überhängenden Teig mit zerlassener Butter bestreichen und über der Füllung zusammenfalten. Mit etwas zerlassener Butter bestreichen. Dann die drei anderen Pasteten auf dieselbe Weise zubereiten. Die Förmchen auf ein Backblech stellen und die Pasteten in 30–40 Minuten goldgelb und knusprig backen. In den Förmchen etwas abkühlen lassen, dann vorsichtig herausnehmen. Sollte der Teigmantel noch etwas weich sein, die Pasteten nochmals für 5 Minuten in den Ofen schieben.

Brennnesseln sammelt ihr am besten im Frühling. Tragt dabei dicke Handschuhe, benutzt eine Schere und pflückt nur die jungen Blätter. Je weiter die Saison fortschreitet, nur noch die Spitzen abreißen, denn ältere Blätter können bitter schmecken. Das nährstoffreiche Kraut solltet ihr immer fernab der Straße sammeln und vor dem Kochen waschen. Es ist eine gute Eisenquelle, enthält Vitamin A und C sowie reichlich Proteine.

Auch wenn ihr euch bislang nicht an die Zubereitung eines Soufflés gewagt habt – diese hier gelingen bestimmt. Sie können schon am Vortag zubereitet und dann kurz vor dem Servieren aufgewärmt werden; beim zweiten Backen gehen sie wie von Zauberhand auf.

Doppelt gebackene Käse-Soufflés

Für: 4 Personen **Zubereitung:** 15 Minuten, plus 30 Minuten Durchziehzeit
Garzeit: 50 Minuten

200 ml Milch
1 Lorbeerblatt
1 große Knoblauchzehe, halbiert
50 g Butter
40 g Mehl
2 TL Dijon-Senf
140 g reifer Cheddar, gerieben
2 EL Schnittlauchröllchen, plus Schnittlauch zum Servieren
3 Eier, getrennt
4 EL Crème double
Grüner Salat, zum Servieren

1. Die Milch mit dem Lorbeerblatt und dem Knoblauch in einem kleinen Topf erwärmen, dann vom Herd nehmen und 30 Minuten durchziehen lassen. Lorbeerblatt und Knoblauch entfernen und die Milch nochmals erwärmen. Den Backofen auf 200 °C vorheizen und das Backblech darin erwärmen.

2. Die Butter in einem mittelgroßen Topf zerlassen und vier tiefe Auflaufförmchen (Fassungsvermögen jeweils 200 Milliliter) mit ein wenig Butter ausstreichen. Die restliche Butter mit dem Mehl bei mittlerer Hitze verrühren und 1 Minute unter ständigem Rühren köcheln lassen.

3. Nach und nach die warme Milch in die Mehlmischung rühren. Aufkochen, dann bei geringer Hitze unter ständigem Rühren 5 Minuten köcheln lassen, bis eine dicke, geschmeidige Masse entstanden ist. In eine Schüssel umfüllen und Senf, Cheddar und Schnittlauch unterrühren. Dann nacheinander die Eigelbe unterrühren.

4. In einer separaten Schüssel die Eiweiße zu Eischnee schlagen. Eischnee mit einem Metalllöffel unter die Käsemischung heben, dann die Mischung in die vorbereiteten Auflaufförmchen füllen. Die Förmchen auf das vorgewärmte Backblech stellen und 18–20 Minuten backen, bis die Soufflés aufgegangen sind. Abkühlen lassen, mit einem Messer vom Rand lösen und die Soufflés aus den Förmchen nehmen. Bis zum Servieren kühl stellen.

5. Kurz vor dem Servieren den Backofen auf 220 °C vorheizen. Die Soufflés auf ein Backblech stellen, jeweils 1 Esslöffel Crème double darübergeben und 10–12 Minuten backen. Die Soufflés mit Schnittlauchröllchen garnieren und mit einem grünen Salat servieren.

Diese knusprigen Kartoffelpuffer, mit Eiern belegt und einer cremigen Senf-Sauerrahm-Sauce serviert, haben eine skandinavische Anmutung. Das Fenchelkraut gibt dem Gericht den besonderen Pfiff. Übrig gebliebene Kartoffelpuffer lasst ihr am besten abkühlen, friert sie auf einem kleinen Blech ein und füllt sie dann in einen verschließbaren Gefrierbeutel. Tiefgefrorene Kartoffelpuffer könnt ihr direkt in den heißen Backofen geben, bis sie gut durchgewärmt und knusprig sind.

Kartoffel-Pastinaken-Puffer mit Fenchelkraut

Für: 4 Personen **Zubereitung:** 20 Minuten **Garzeit:** 20 Minuten

2 Kartoffeln (etwa 550 g)
2 Pastinaken (etwa 300 g)
5 EL Mehl
1 TL Backpulver
1 EL Fenchel- oder Kümmelsamen
1 EL Meersalz
¼ TL grob gemahlener schwarzer Pfeffer
2 Eier, leicht verquirlt
Sonnenblumenöl, zum Braten

ZUM SERVIEREN
6 große Eier
125 ml Sauerrahm
2 TL scharfer Senf
3 gekochte Rote Bete, gewürfelt
Etwas Fenchelkraut (siehe Seite 113)

1. Kartoffeln und Pastinaken grob reiben; es sollten lange dünne Streifen entstehen. Die Hälfte davon in ein sauberes Geschirrtuch geben und so viel Flüssigkeit wie möglich auspressen, dann den Vorgang mit den restlichen Streifen wiederholen. In einer Schüssel mit Mehl, Backpulver und Fenchelsamen verrühren, mit Salz und Pfeffer würzen und alles gut vermengen. Die verquirlten Eier unterrühren.

2. Den Backofen auf 70 °C vorheizen. Den Boden einer großen Pfanne mit Öl bedecken und bei mittlerer Hitze erwärmen. Eine kleine Handvoll der Gemüse- und Kartoffelraspeln in die Pfanne geben; vorher die Eiermischung etwas abtropfen lassen. Mit einem Spatel zu einem runden Puffer von etwa 9 cm Durchmesser flach drücken; dann den Vorgang wiederholen, sodass immer drei Puffer in der Pfanne sind. Die Puffer von jeder Seite in 3 Minuten knusprig braten, anschließend auf ein mit Küchenpapier ausgelegtes Backblech geben und im Ofen warm halten, während ihr die restlichen Puffer zubereitet. Die Mischung ergibt insgesamt acht Puffer.

3. Die Eier in einem Topf mit kaltem Wasser bedecken, aufkochen und in 5 Minuten weich kochen. In der Zwischenzeit den Sauerrahm mit Senf in einer Schüssel verrühren.

4. Die Eier abschrecken, pellen und der Länge nach halbieren. Die Puffer auf vier Teller verteilen und jeweils mit drei Eierhälften belegen. Mit Senfcreme beträufeln und Rote Bete daneben anrichten. Mit Salz und Pfeffer würzen und mit Fenchelkraut garnieren, anschließend servieren.

Salz-Alant kann ziemlich teuer sein, es lohnt sich also, ihn wild zu sammeln, falls ihr nah an der Quelle wohnt. Er wächst an Sandstränden, auf Salzwiesen, aber auch auf Küstenfelsen, hat eine wunderbar knusprige Textur und einen salzigen Geschmack, der an das Meer erinnert. Am besten schmeckt der Salz-Alant, den man im Frühsommer pflückt. Ihr könnt ihn roh im Salat essen, leicht dämpfen oder kurz in Butter braten.

Pochierte Eier zuzubereiten, ist eine etwas knifflige Angelegenheit, aber wenn ihr meinen Anweisungen folgt, sollte es problemlos gelingen. Mit einem asiatischen Kartoffelbrei (siehe Seite 22) und wildem Salz-Alant ist dieses Gericht ein festliches Mahl für Gäste.

Eier mit Zitronengrassauce

Für: 4 Personen **Zubereitung:** 15 Minuten, plus Zubereitung der Brühe und 30 Minuten Durchziehzeit **Garzeit:** 25 Minuten

8 Eier
1 TL Weißweinessig
Meersalz und schwarzer Pfeffer

ZUM SERVIEREN
Asiatischer Kartoffelbrei (siehe Seite 22)
2 EL Schnittlauchröllchen
1 rote Chilischote, entkernt und gehackt
Salz-Alant oder grüne Bohnen

FÜR DIE ZITRONENGRASSAUCE
2 lange Stängel Zitronengras, zerdrückt
250 ml Gemüsebrühe (siehe Seite 14)
100 ml Kokosmilch (Dose)
2 TL Maismehl, mit etwas Wasser vermischt
Abrieb von 1 großen Bio-Limette und Saft von ½ Limette

1. Für die Sauce das Zitronengras mit der Gemüsebrühe in einem kleinen Topf aufkochen; 10 Minuten kochen lassen, bis sich die Flüssigkeit um ein Drittel reduziert hat. Vom Herd nehmen und 30 Minuten durchziehen lassen. Nochmals erwärmen, Kokosmilch und Maismehlmischung einrühren und unter ständigem Rühren aufkochen. Dann bei geringer Hitze 8–10 Minuten einköcheln lassen, bis eine cremige Konsistenz entstanden ist. Limettenabrieb und -saft zugeben, mit Salz und Pfeffer würzen und unter Rühren behutsam erwärmen. Beiseitestellen.

2. Zum Pochieren der Eier eine tiefe Pfanne etwa 5 cm hoch mit siedendem Wasser füllen. Wenn das Wasser zu köcheln beginnt, die Hitze reduzieren, Essig zugeben und gut verrühren. Die Eier eines nach dem anderen in eine Tasse schlagen und von dort aus ins Wasser geben (eventuell müsst ihr sie in zwei Portionen pochieren – in diesem Fall die fertigen Eier vor dem Servieren in heißem Wasser ganz kurz erwärmen). Eier in 2–3 Minuten pochieren, bis die Eiweiße fest und die Eigelbe noch flüssig sind.

3. Zitronengras herausnehmen und die Sauce wenn nötig noch einmal erwärmen. Kartoffelbrei auf vier Teller verteilen. Eier mit einem Schaumlöffel aus dem Wasser heben und auf dem Kartoffelbrei anrichten, die Sauce darauf verteilen und mit Schnittlauch und Chili garnieren. Mit Salz und Pfeffer würzen und mit Salz-Alant servieren.

Omelett

Ein Omelett ist ein äußerst opulentes Gericht: Dass man auf so einfache Weise aus ein paar Eiern, etwas Salz und 1 Esslöffel Butter ein so leckeres Mahl zaubern kann, ist in der Tat sehr befriedigend. Schon diese einfache Form schmeckt wunderbar, doch ein Omelett ist auch ein perfekter Geschmacksträger und lässt sich gut mit süßen oder pikanten Füllungen kombinieren. Ein paar frische Kräuter, eine Füllung aus geriebenem Käse oder gedünstetem Gemüse – mehr braucht es nicht. Als dünnes 1-Ei-Omelett zubereitet und in schmale Streifen geschnitten, könnt ihr orientalische Suppen, Reis- oder Nudelgerichte damit garnieren. Außerdem gibt es da noch flache, belegte Omeletts wie die italienische Frittata, die spanische Tortilla oder das Eggah aus dem Mittleren Osten, bei denen die Eiermischung durch eine große Menge anderer Zutaten ergänzt, langsam gegart und dann unter dem Grill oder im Backofen fertig gebacken wird. Wie bei allen Eiergerichten solltet ihr Eier nie zu lange garen und immer eine Pfanne mit schwerem Boden verwenden.

Ein Tortino ist eine im Ofen gebackene Variante der italienischen Frittata. Er eignet sich perfekt für eine einfache Mahlzeit oder ein Picknick. Dieser Tortino erhält durch die getrockneten Steinpilze und das Blattgemüse einen etwas herbstlichen Geschmack; ihr könnt die Zutaten natürlich je nach Jahreszeit variieren. Eine sommerliche Alternative könnte zum Beispiel Streifen von roter Paprika, gewürfelte Zucchini und gehackten Spinat enthalten. Was auch immer ihr wählt, seid ruhig großzügig bei der Menge der Füllzutaten.

Mangold-Parmesan-Tortino

Für: *4 Personen* ***Zubereitung:*** *15 Minuten, plus 20 Minuten Einweichzeit und 10 Minuten Ruhezeit* ***Garzeit:*** *45 Minuten*

25 g getrocknete Steinpilze
2 EL Olivenöl
1 große Zwiebel, fein gehackt
3 Knoblauchzehen, fein gehackt
270 g Mangold, Blätter von den Stielen gepflückt, dicke Stiele und Stängel entfernt, dünne Stängel fein gehackt
2 TL Thymian oder 1 TL getrockneter Thymian
Butter, zum Einfetten
7 Eier, leicht verquirlt
60 g Parmesan, fein gerieben
20 g Semmelbrösel (siehe Seite 52)
Meersalz und schwarzer Pfeffer

1. Die Steinpilze mit siedendem Wasser bedecken und 20 Minuten einweichen lassen, dann abgießen und das Kochwasser für ein anderes Rezept aufheben. Wasser ausdrücken und die Steinpilze grob hacken.

2. In der Zwischenzeit das Öl in einer großen Pfanne erhitzen und die Zwiebel darin in 5 Minuten glasig dünsten. Knoblauch und Mangoldstiele zugeben und weitere 3 Minuten dünsten, dann die Steinpilze einrühren und nochmals 5 Minuten garen. Zum Schluss den Thymian unterrühren.

3. Den Backofen auf 180 °C vorheizen. Eine Springform (Ø 20 cm) großzügig mit Butter ausstreichen und den Boden mit Backpapier bedecken. Mangoldblätter zerpflücken und in einer großen Schüssel mit der Zwiebelmischung vermengen. Eier und Parmesan (bis auf 2 Esslöffel) unterrühren. Mit Salz und Pfeffer kräftig würzen und alles gut vermengen.

4. Den Boden der Form mit der Hälfte der Semmelbrösel ausstreuen. Die Füllung gleichmäßig darüber verteilen und mit den restlichen Semmelbröseln und dem aufbewahrten Parmesan bestreuen. 35–40 Minuten backen, bis die Mischung fest ist. Tortino 10 Minuten in der Form ruhen lassen, dann herausnehmen, in gleichmäßige Stücke schneiden und servieren.

Abbildung auf Seite 127.

Eggah

Eggah ist eine im Mittleren Osten verbreitete Variante der spanischen Tortilla oder der italienischen Frittata. **1 große gewürfelte Zucchini** mit **2 TL Olivenöl** in einer ofenfesten Pfanne mit schwerem Boden in 5 Minuten weich dünsten, bis sie leicht gefärbt ist. Mit **140 g gehacktem Babyspinat, 1 Bund gehackten Frühlingszwiebeln, 2 Handvoll gehacktem Koriander, 1 TL Piment** und **½ TL Kreuzkümmel** in eine große Schüssel geben. **8 Eier verquirlen** und mit **Salz** und **Pfeffer** kräftig würzen. Eiermasse über die Spinatmischung geben und alles gut vermengen. **2 TL Olivenöl** in der Pfanne erhitzen, Eiermischung hineingeben und 10 Minuten backen, bis der Boden hellgolden gefärbt und fest ist. Die Grillfunktion des Backofens auf mittlere Hitze einstellen und die Pfanne etwa 3 Minuten unter den Grill stellen, bis alles gestockt ist. In Stücke schneiden und servieren.

Vakuumgegartes Omelett

Dies ist meine persönliche Version des Vakuumgarens (der Methode, bei der in einem vakuumverschlossenen Beutel im Wasserbad gegart wird), für die keine spezielle Ausrüstung erforderlich ist. Es ist ein interessantes Konzept, das ein leckeres Omelett hervorbringt. Für 2 Personen eine tiefe Pfanne fast bis zum Rand mit siedendem Wasser füllen und bei geringer Hitze auf den Herd stellen – das Wasser sollte nur leicht köcheln. **4 Eier** mit **1 EL Sahne** verschlagen, **1 EL Schnittlauchröllchen** unterrühren und mit **Salz** und **Pfeffer** kräftig würzen. Die Mischung in einen verschließbaren Gefrierbeutel füllen, die Luft so gut wie möglich herausdrücken und den Beutel verschließen. Den oberen Rand des Beutels mehrfach falten, bis ein kleines, eckiges Päckchen entsteht. Das Päckchen ins Wasser legen, mit einem Spatel unter Wasser drücken, die Pfanne verschließen und die Eier 8–10 Minuten darin köcheln lassen, bis das Omelett gerade so gestockt ist. Den Beutel vorsichtig aus dem Wasser nehmen und auf eine Platte legen, damit das Omelett sich auf dem Boden des Beutels absetzen kann. Dann das Omelett behutsam auf eine Servierplatte gleiten lassen.

Sushi-Röllchen

Statt mit einem Nori-Blatt wird der Reis und/oder das Gemüse hier mit einem **1-Ei-Omelett** umhüllt. Das Omelett zu einem Quadrat schneiden und in der Mitte mit pfannengegarten **Frühlingszwiebeln, roter Paprika** und **Spargel** belegen. Omelett aufrollen und in 2,5 cm lange Röllchen schneiden. Die Röllchen auf die Schnittseiten stellen und mit **Sojasauce** und **eingelegtem Ingwer** servieren.

Kapitel 6

Eine Scheibe Käse (und andere Milchprodukte)

Es gibt unglaublich vielfältige Milchprodukte, die den unterschiedlichsten Gerichten auf wunderbare Weise Geschmack und Originalität verleihen. Käse aus Kuh-, Schafs-, Ziegen- oder sogar Büffelmilch haben alle ihre individuellen Eigenarten, je nachdem, woher sie kommen, wie sie hergestellt werden und auf welche Weise sie gereift sind. Die Rezepte in diesem Kapitel werden dieser Vielfalt gerecht, sie reichen von cremig-würzigem Käseaufstrich mit Birnen in Holunderblütensirup über Klößchen aus frischem Ricotta mit Wildkräutern bis zu einer pikanten Greyerzer-Tarte mit Rote-Bete-Blattgrün.

Für diesen Aufstrich könnt ihr sämtliche Käsereste verwerten, die euer Kühlschrank bereithält. Ihr könnt eine einzige Sorte Ziegen-, Kuh- oder Schafskäse verwenden oder eine Mischung ausprobieren: einen pikanten Blauschimmelkäse hinzunehmen, einen bröckeligen, reifen Hartkäse oder einen cremigen Weichkäse – alle Möglichkeiten stehen euch offen, ihr solltet nur darauf achten, die Geschmacksrichtungen ausgewogen zu mischen. Die kurze Holunderblütensaison wollte ich nutzen, um Birnen in Holunderblütensirup zu pochieren. Das Ergebnis sind zart duftende, saftige Früchte, die auf wunderbare Weise die Würze des cremigen Käseaufstrichs vervollständigen.

Käseaufstrich mit Holunderblüten-Birnen

Für: 4 Personen **Zubereitung:** 15 Minuten, plus Zubereitung des Sirups und Kühlzeit
Garzeit: 20 Minuten

250 ml Holunderblütensirup (siehe Seite 25)
4 reife Birnen, geschält und längs halbiert
Helles Roggenbrot, geröstet, zum Servieren

FÜR DEN KÄSEAUFSTRICH
85 g sehr weiche Butter
125 g Dolcelatte oder anderer Blauschimmelkäse, in kleinen Stücken
40 g Parmesan, gerieben
2 EL halbtrockener Weißwein oder Sherry
Frisch gemahlener schwarzer Pfeffer

1. Den Holunderblütensirup mit 300 ml Wasser in einen Topf geben. Die Birnen zugeben – sie sollten knapp von der Flüssigkeit bedeckt sein. Bei Bedarf noch ein wenig Wasser zufügen, doch der Sirup sollte nicht zu sehr verdünnt werden. Bis knapp unter den Siedepunkt erhitzen, dann die Hitze reduzieren und halb zugedeckt 15–20 Minuten köcheln lassen, bis die Birnen weich sind. Vom Herd nehmen und im Sirup abkühlen lassen.

2. In der Zwischenzeit die Butter mit Käse und Wein in eine Schüssel geben und mit einem Holzlöffel zu einer Creme verrühren. Mit Pfeffer würzen und den Aufstrich auf vier kleine Förmchen verteilen. Oberfläche glatt streichen und im Kühlschrank fest werden lassen. 20 Minuten vor dem Servieren aus dem Kühlschrank nehmen und mit pochierten Birnen und geröstetem Brot servieren.

Holunderblüten wachsen üppig, haben aber eine relativ kurze Saison, ihr solltet also aus den cremeweißen, zart duftenden Blütendolden im frühen Sommer das Beste machen (siehe Seite 25). Im Frühherbst werden dann die kleinen dunkelvioletten Holunderbeeren reif, die gekocht werden müssen. Aus ihnen könnt ihr leckeren Sirup oder Marmelade herstellen oder sie zusammen mit anderen Beeren für eine Kuchenfüllung verwenden.

Eine frische Kokosnuss lässt sich mit einem einfachen Trick öffnen, für den man eine ruhige Hand braucht. Mit einem Schraubenzieher oder Bohrer vorsichtig durch die Augen am oberen Ende zwei Löcher bohren und die Flüssigkeit abgießen (sie ist ein erfrischender Drink). Mit einem Holzhammer oder der stumpfen Seite eines schweren Messers fest auf einer gedachten Linie rund um die dickste Stelle der Kokosnuss klopfen, bis sie in zwei Hälften zerbricht. Dann das Kokosnussfleisch von der äußeren Schale und der braunen Haut lösen.

Tandoori-Halloumi mit Kokosnuss-Ananas-Salat

Für: 4 Personen **Zubereitung:** 15 Minuten **Garzeit:** 5 Minuten

3 EL Tandoori-Gewürzmischung
325 g Halloumi, abgespült, trocken getupft und längs in 8 dicke Scheiben geschnitten
½ Ananas, geschält, Strunk entfernt und in mundgerechte Stücke geschnitten
250 g abgetropfte Kichererbsen (Dose) oder gekochte getrocknete Kichererbsen (siehe Seite 8–9)
1–2 lange grüne Chilischoten, entkernt und gewürfelt
1 kleine rote Zwiebel, gewürfelt
55 g Kokosnuss, grob gerieben
2 Handvoll Koriander, gehackt
Saft von 1 ½–2 Limetten
1 EL Sonnenblumenöl
Meersalz und schwarzer Pfeffer

1. Die Gewürzmischung auf eine Platte streuen und mit Pfeffer anreichern. Halloumi-Scheiben von beiden Seiten darin wenden und beiseitestellen.

2. Ananas, Kichererbsen, Chili, Zwiebel, Kokosnuss und Koriander in eine Servierschüssel füllen. Saft von 1 ½ Limetten darüberträufeln und mit Salz und Pfeffer würzen. Alles gut vermengen, dann abschmecken und nach Belieben noch etwas Limettensaft untermischen und mit Salz und Pfeffer würzen.

3. Das Öl einer großen Pfanne langsam erhitzen. Halloumi 3–4 Minuten darin backen, dabei einmal wenden, bis er weich und leicht gefärbt ist. Mit dem Salat servieren.

Es gibt noch eine andere Möglichkeit, eine Kokosnuss zu öffnen: Ihr friert sie über Nacht ein und brecht am nächsten Tag die Schale wie oben beschrieben auf; das Fleisch sollte sich nun leichter von der Schale und der braunen Haut lösen lassen.

Dieser leckere Sommersalat glänzt durch eine lebendige Kombination verschiedener Geschmacksnoten: erfrischende, süße Wassermelone, spritziger Limettensaft und die leichte Schärfe einer frischen Chilischote – ausbalanciert von der salzigen Würze des Feta. Statt Feta könnt ihr auch selbstgemachten Paneer (siehe Seite 17) nehmen.

Wassermelonensalat mit Feta und Minze

Für: 4 Personen **Zubereitung:** 15 Minuten

550 g Wassermelone, Kerne nach Belieben entfernt, in 2 cm große Würfel geschnitten
1 kleine rote Zwiebel, in dünnen Ringen
20 schwarze entkernte Oliven
125 g Feta oder selbstgemachter Paneer (siehe Seite 17), gewürfelt
1 kleine Handvoll Minze
1 lange rote Chilischote, entkernt und in dünne Ringe geschnitten
Saft und dünn abgeschälte Schale von 1 kleinen Bio-Limette, in sehr feine Streifen geschnitten
2–3 EL Olivenöl extra vergine
Meersalz und schwarzer Pfeffer
Warmes Fladenbrot, zum Servieren

1. Die Wassermelone auf eine große Servierplatte geben und Zwiebel, Oliven, Feta, Minze und Chili darauf verteilen.

2. Den Salat mit Limettensaft beträufeln und mit der Limettenschale garnieren. Mit Olivenöl beträufeln und mit Salz und Pfeffer würzen. Zimmerwarm mit warmem Fladenbrot servieren.

Frische Chilis halten sich länger, wenn ihr sie in einem luftdichten Behälter im Gefrierschrank aufbewahrt. Vor dem Gebrauch kurz antauen lassen, dann könnt ihr sie besser schneiden.

Minze

ist eine vielseitige Ergänzung in eurem Kräutergarten, aber sie muss auch in Zaum gehalten werden, damit es nicht zu üppig sprießt. Ihr könnt sie in Töpfen anbauen oder die Töpfe, in denen ihr sie kauft, direkt in die Erde pflanzen – achtet darauf, dass sie genug Raum zum Wachsen hat. Es gibt viele Sorten Minze, und es lohnt sich, einige der ungewöhnlicheren zu probieren, etwa Schokoladen- oder Apfelminze.

Für diese leckeren, dicken Pfannkuchen nehmt ihr besser einen bröckeligen Ziegenkäse als einen zart schmelzenden. Sie schmecken sowohl in der einfachen Variante – zum Beispiel mit Knoblauchbutter oder Kräuterjoghurt –, können aber auch mit einer Granatapfel-Salsa (siehe Seite 21) serviert werden.

Ziegenkäse-Pfannkuchen

Für: 4 Personen **Zubereitung:** 20 Minuten **Garzeit:** 1 Stunde

150 g Mehl
1 TL Backpulver
½ TL Meersalz
3 Eier, getrennt
150 ml Milch
50 g Butter, zerlassen
100 g Ziegenkäse, zerbröckelt
3 Handvoll Babyspinat oder junge Blätter der Wilden Rübe, fein gehackt
5 Frühlingszwiebeln, in dünnen Ringen
3 EL Koriander, gehackt
Sonnenblumenöl, zum Braten
Schwarzer Pfeffer
Granatapfel-Salsa (siehe Seite 21), zum Servieren

1. Mehl, Backpulver und Salz in einer großen Schüssel vermengen. Mit einem Schneebesen Eigelb, Milch und zerlassene Butter unterrühren, dann Ziegenkäse, Spinat, Frühlingszwiebeln und Koriander untermengen. Mit Pfeffer würzen.

2. Die Eiweiße zu Eischnee schlagen und vorsichtig unter die Ziegenkäsemischung heben.

3. Etwas Öl in eine große Pfanne geben und langsam erhitzen. Für jeden Pfannkuchen 3 Esslöffel Teig in die Pfanne geben und in 4–5 Minuten goldgelb backen, zwischendurch einmal wenden. Auf Küchenpapier abtropfen lassen und im Backofen bei geringer Hitze warm halten. Weitere Pfannkuchen backen, bis der Teig verbraucht ist; er sollte etwa 12 Pfannkuchen ergeben. Bei Bedarf etwas mehr Öl in die Pfanne geben. Mit Granatapfel-Salsa servieren.

Wenn für ein Rezept nur die grünen Teile der Frühlingszwiebeln benötigt werden, werft die weißen Teile nicht weg, sondern pflanzt sie wieder ein. Stellt sie in ein Glas, in dem das Wasser etwa 5 cm hoch steht. Nun könnt ihr das Glas an einen hellen Ort stellen und den grünen Teilen beim Sprießen zusehen, bei Bedarf Wasser nachfüllen. Nach 5 Tagen könnt ihr die grünen Teile wieder abschneiden und verwerten – dies könnt ihr mehrere Male wiederholen, bis die Frühlingszwiebel ihre Triebkraft verliert.

Mir persönlich schmecken Currygerichte am Tag nach der Zubereitung oft besser, dieses würzige Linsen-Tomaten-Curry bildet da keine Ausnahme. Ein Tag erlaubt den Gewürzen, sich untereinander kennenzulernen, sich zu vermischen und zu vereinen. Mit zerbröckeltem Paneer (siehe Seite 17) bestreuen und dazu Mango-Chutney (siehe Seite 19) und warmes Naan-Brot reichen. Eine Handvoll frittierter Zwiebeln und Ingwer (siehe Seite 23) passt ebenfalls gut dazu.

Linsen-Sambar mit Paneer

Für: 4 Personen **Zubereitung:** 15 Minuten **Garzeit:** 55 Minuten

90 g getrocknete, gespaltene rote Linsen, abgespült
7 Knoblauchzehen, geschält
30 g Ingwer, geschält und gehackt
1 rote Chilischote, entkernt und gehackt
6 EL Rapsöl oder anderes Pflanzenöl
2 Zwiebeln, gehackt
2 EL Curry-Gewürzmischung (siehe Seite 15)
5 Strauchtomaten, grob gehackt
2 TL brauner Zucker
½ TL getrocknete Chiliflocken, optional
2 EL Tamarindenpaste oder Zitronensaft
Meersalz und schwarzer Pfeffer

ZUM SERVIEREN
Selbstgemachter Paneer (siehe Seite 17), zerbröckelt
3 EL Koriander, gehackt
Frittierte Zwiebeln und Ingwer (siehe Seite 23), optional
Mango-Chutney (siehe Seite 19), optional

1. Die Linsen in einem Topf mit reichlich Wasser bedecken. Aufkochen, dann die Hitze reduzieren und halb zugedeckt 15 Minuten köcheln lassen, bis die Linsen weich sind. Abgießen und beiseitestellen.

2. Knoblauch, Ingwer und Chili mit 4 Esslöffeln Wasser zu einer Paste vermischen und beiseitestellen.

3. Das Öl in einem Topf langsam erhitzen. Zwiebeln darin 15 Minuten dünsten, bis sie beginnen, leicht Farbe zu nehmen, dabei gelegentlich umrühren. Gewürzmischung und Knoblauchpaste zugeben und in weiteren 5 Minuten unter regelmäßigem Rühren dünsten.

4. Tomaten, Zucker, Chiliflocken, Tamarinde, Linsen und 125 ml Wasser unterrühren und aufkochen. Hitze etwas reduzieren und 15 Minuten halb zugedeckt köcheln lassen, bis das Ganze zu einer dicken Sauce eingekocht ist. Mit Salz und Pfeffer würzen und mit Paneer, Koriander und frittierten Zwiebeln und Ingwer garnieren. Mango-Chutney darübergeben und servieren.

Zum Einfrieren Paneer und Koriander weglassen und Sambar in einem Gefrierbeutel flach einfrieren. Ihr müsst es vor dem Gebrauch nicht erst auftauen; einfach mit etwas Wasser in einem Topf langsam erwärmen.

Wild wachsendes Blattgemüse (z. B. Chicorée, Löwenzahn oder Mangold) ist eine gute Alternative zu Zuchtspinat. Nehmt immer junge Blätter, die sind weniger bitter; ihr könnt den bitteren Geschmack auch etwas neutralisieren, indem ihr die Blätter 30 Minuten in Salzwasser einlegt, dann abgießt und vor dem Kochen abspült.

Ricotta-Klößchen mit Wildkräutern

Für: 4 Personen **Zubereitung:** 20 Minuten **Garzeit:** 30 Minuten

1 EL Olivenöl
125 g Blattgemüse, etwa Guter Heinrich, Brunnenkresse, Pferdeeppich oder Wilde Rübe (oder die doppelte Menge Spinat), Stiele entfernt, Blätter zerpflückt
125 g Babyspinat, zerpflückt
1 großes Ei, getrennt
250 g Ricotta, abgetropft
40 g Parmesan, gerieben
60 g Mehl, plus Mehl für die Arbeitsfläche
2 EL Basilikum, gehackt, plus Basilikum zum Servieren
Meersalz und schwarzer Pfeffer

FÜR DIE TOMATENSAUCE
2 EL Olivenöl
2 große Knoblauchzehen, fein gehackt
800 g gehackte Tomaten (Dose)
3 große Stängel Basilikum
1 EL Tomatenmark
1 TL Zucker

1. Für die Tomatensauce das Öl in einem großen Topf erhitzen, Knoblauch darin in 1 Minute glasig dünsten. Tomaten und Basilikumstängel zugeben und zum Köcheln bringen, Hitze reduzieren. Tomatenmark und Zucker einrühren und halb zugedeckt 10 Minuten einköcheln lassen. Mit Salz und Pfeffer würzen.

2. In der Zwischenzeit die Klößchen zubereiten. Dafür das Öl in einer großen Pfanne erhitzen. Blattgemüse und Spinat in 3 Minuten darin dünsten, dabei regelmäßig umrühren, bis die Blätter zusammengefallen und weich sind. Blattgemüse mit Eigelb, Ricotta, Parmesan, Mehl und Basilikum vermengen, mit Salz und Pfeffer würzen. Eiweiß zu Eischnee schlagen, vorsichtig unter die Ricottamischung heben.

3. Einen großen Topf mit Salzwasser füllen und aufkochen. Mit bemehlten Händen aus der Ricottamischung walnussgroße Bällchen formen; die Masse sollte etwa 20 Klößchen ergeben. Die Klößchen in vier Portionen vorsichtig in das köchelnde Wasser geben und 4–5 Minuten garen, bis sie fest sind, dabei gelegentlich wenden. Auf Küchenpapier abtropfen lassen und im Backofen bei geringer Hitze warm halten, während ihr die anderen Klößchen zubereitet.

4. Die Tomatensauce bei Bedarf noch einmal aufwärmen und die Basilikumstängel entfernen. Die Ricotta-Klößchen auf der Tomatensauce anrichten, mit Basilikum garnieren und servieren.

Guten Heinrich mit seinen dreieckigen Blättern und den spitz zulaufenden Blüten findet ihr auf fruchtbaren Böden oder auf Ackerland. Er bringt das ganze Jahr über essbare Blätter hervor – die kleineren, jüngeren Blätter schmecken allerdings besser. Die jungen Stiele sind ebenfalls essbar, daher rührt der Spitzname »Spargel des armen Mannes«. Im eigenen Garten braucht der Gute Heinrich wenig Pflege und ist sehr schädlingsresistent.

Um **Knoblauch** anzubauen, müsst ihr die Knolle in ihre Zehen aufspalten. Dann die Zehen im Spätherbst ca. 1 cm tief und im Abstand von 12 cm einpflanzen. Während der Wachstumsphase den Knoblauch düngen und regelmäßig wässern. Blütenstände entfernen; sie sind essbar, wie bei Zwiebel oder Schnittlauch. Wenn die Blätter welk und gelb werden, ist der Knoblauch erntereif. Esst ihn frisch oder trocknet ihn an einem kühlen Ort.

Ein Brot, das seine beste Zeit hinter sich hat, solltet ihr nicht wegwerfen, sondern in diesem leckeren Käse-Brot-Auflauf verwerten. Idealerweise sollte das Brot innen leicht und locker sein, damit es die Käse-Eier-Mischung besser aufnehmen kann und beim Backen nicht zu fest wird. Die Rinde nicht wegwerfen – ihr könnt sie zu Semmelbröseln vermahlen und bis zum Gebrauch einfrieren. Den Cheddar könnt ihr auch durch einen anderen Käse, den ihr im Kühlschrank habt, ersetzen, oder ihr könnt verschiedene Käsesorten mischen.

Käse-Paprika-Auflauf

Für: 4 Personen **Zubereitung:** 15 Minuten, plus 10 Minuten Ruhezeit **Garzeit:** 1 Stunde

1 rote Paprikaschote, vom Kerngehäuse befreit und in Streifen geschnitten
1 gelbe Paprikaschote, vom Kerngehäuse befreit und in Streifen geschnitten
2 EL Olivenöl
375 g leicht altbackenes Brot mit offener Krume, Rinde entfernt, in Scheiben oder Würfel geschnitten
2 Knoblauchzehen, zerdrückt
6 Frühlingszwiebeln, in Ringen
1 große Handvoll Basilikum
175 g reifer Cheddar oder Käse nach Wahl, grob gerieben
6 Eier, leicht verquirlt
300 ml Milch
Meersalz und schwarzer Pfeffer

1. Den Backofen auf 180 °C vorheizen. Paprikastreifen in einer Schüssel gut mit dem Öl vermengen. Eine große Grillpfanne bei hoher Temperatur erhitzen und die Paprika 6–8 Minuten darin braten, bis sie weich und stellenweise schwarz wird. Eventuell müsst ihr sie portionsweise braten.

2. In der Zwischenzeit die Hälfte des Brots in einer großen ofenfesten Form verteilen. Darüber eine gleichmäßige Schicht aus Paprika, Knoblauch, Frühlingszwiebeln, Basilikum und der Hälfte des Cheddars geben.

3. Eier und Milch verschlagen und mit Salz und Pfeffer würzen. Die Hälfte dieser Mischung gleichmäßig in der Form verteilen. Das restliche Brot darübergeben und den Rest der Eier-Milch-Mischung darübergießen, dabei das Brot herunterdrücken, sodass es gut durchweichen kann. Mit dem restlichen Käse bestreuen und 10 Minuten ruhen lassen. Dann 30–40 Minuten backen, bis der Käse geschmolzen und schön knusprig ist.

Um die Lebensdauer gekaufter frischer Topfkräuter in den warmen Monaten zu verlängern, topft ihr sie am besten in größere Töpfe um. Dann regelmäßig wässern und auf neue Triebe warten.

Wenn ihr Rote Bete mit unversehrten Stielen und Blättern findet, könnt ihr diese als gute Alternative zu Mangold, Schwarzkohl oder Spinat verwenden. Ihr solltet sie sofort verwerten und beschädigte oder welke Blätter entfernen. Ich habe mir hier Greyerzer-Käse gegönnt, aber ihr könnt auch reifen Cheddar oder bröckeligen Ziegen- oder Schafskäse nehmen.

Greyerzer-Tarte mit Rote-Bete-Blattgrün

Für: 4–6 Personen **Zubereitung:** 20 Minuten, plus Zubereitung des Mürbeteigs
Garzeit: 1 Stunde 10 Minuten

Butter, zum Einfetten
1 Mürbeteig (siehe Seite 13)
Mehl, für die Arbeitsfläche

FÜR DIE FÜLLUNG
1 EL Sonnenblumenöl
2 Bund Frühlingszwiebeln, in Ringen, grüne und weiße Teile getrennt
Blattgrün von 4 großen Knollen Rote Bete, Stiele und Blätter getrennt und dünn geschnitten
1 Handvoll Bärlauch (siehe Seite 55) oder Schnittlauch, grob gehackt
3 große Eier, leicht verquirlt
250 ml Vollmilch
150 g Greyerzer, grob gerieben
Meersalz und schwarzer Pfeffer

1. Den Backofen auf 190 °C vorheizen. Eine Spring- oder Tarteform (Ø 28 cm) einfetten.

2. Den Teig auf einer bemehlten Arbeitsfläche 5 cm dick ausrollen. Die Form damit auslegen und etwas über den Rand hängen lassen. Den Teig mit Alufolie bedecken und mit getrockneten Hülsenfrüchten beschweren, im vorgewärmten Ofen 15 Minuten backen. Hülsenfrüchte und Folie entfernen und nochmals 15 Minuten backen, bis der Teig eine leichte Färbung hat.

3. In der Zwischenzeit die Füllung zubereiten. Dafür das Öl in einer großen Pfanne erhitzen. Die weißen Teile der Frühlingszwiebeln und die Rote-Bete-Stiele zugeben und in 2 Minuten weich dünsten. Dann die grünen Teile der Frühlingszwiebeln, Rote-Bete-Blätter und Bärlauch (wenn ihr Schnittlauch benutzt, diesen in die Eier-Milch-Mischung rühren, siehe unten) zugeben und weitere 2 Minuten garen, bis sie bissfest sind.

4. Eier und Milch in einem hohen Gefäß verschlagen und mit Salz und Pfeffer würzen. Frühlingszwiebel-Mischung auf dem Teig verteilen und gleichmäßig mit Käse bedecken. Die Eiermischung darübergeben und im Ofen 40 Minuten backen, bis die Füllung fest ist. In gleichmäßige Stücke schneiden und servieren.

Zum Blindbacken könnt ihr Backerbsen oder getrocknete Bohnen verwenden. Sie können auch wiederverwertet werden – dazu abkühlen lassen und in einem luftdichten Behälter verwahren.

Rote Bete ist eine reizvolle Ergänzung im Gemüsebeet. Sät die Samen in 2 cm tiefen Rillen aus und bedeckt sie mit Kompost. Wässert den Boden und dünnt die Keimlinge aus, sobald sie eine Höhe von 2,5 cm erreicht haben; der Abstand zwischen ihnen sollte 12 cm betragen. Bis zur Ernte benötigt Rote Bete etwa 3 Monate. Blätter nicht wegwerfen: Sie sind ein leckeres Gemüse und können wie Mangold oder Spinat zubereitet werden.

Dieses Gericht kommt bei mir zu Hause immer extrem gut an. Es funktioniert wie Käse-Makkaroni, allerdings mit einer leichteren Käsesauce, die mit Gemüsebrühe statt mit Milch zubereitet wird. Conchiglie sind muschelförmige Nudeln, die Käse- oder Sahnesaucen perfekt aufnehmen, ihr könnt aber auch eine andere kurze Pastasorte nehmen, die ihr gerade vorrätig habt.

Conchiglie-Brokkoli-Gratin

Für: *4 Personen* ***Zubereitung:*** *20 Minuten, plus Zubereitung der Brühe*
Garzeit: *30 Minuten*

325 g Conchiglie oder andere Pasta nach Belieben
1 großer Brokkoli, Strunk entfernt, in kleine Röschen geschnitten
600 ml Gemüsebrühe (siehe Seite 14)
100 ml Sahne
30 g Butter
2 große Knoblauchzehen, fein gehackt
2 EL Mehl
2 TL Dijon-Senf
150 g gemischter Hartkäse, etwa Greyerzer und reifer Cheddar, grob gerieben
4 EL Semmelbrösel (siehe Seite 52)
Meersalz und schwarzer Pfeffer

1. Den Backofen auf 180 °C vorheizen. Die Pasta nach Packungsanweisung in reichlich Salzwasser al dente kochen. 3 Minuten vor Ablauf der Kochzeit die Brokkoliröschen dazugeben. Pasta und Brokkoli abgießen und in eine große, tiefe Auflaufform füllen.

2. In der Zwischenzeit die Gemüsebrühe in einem separaten Topf aufkochen und leicht köcheln lassen, bis sie sich auf 500 ml reduziert hat; so wird der Geschmack konzentrierter. Vom Herd nehmen und die Sahne einrühren.

3. Die Butter in einer Pfanne mit schwerem Boden zerlassen und den Knoblauch darin in 1 Minute glasig dünsten. Mit einem Holzlöffel das Mehl einrühren und 1 Minute erhitzen, dann unter ständigem Rühren nach und nach die Brühe einrühren, bis die Sauce die Konsistenz einer dünnen Vanillesauce hat. Senf und drei Viertel vom Käse zugeben und mit Salz und Pfeffer würzen.

4. Die Sauce über die Pasta und den Brokkoli geben und alles gut vermengen. Den Auflauf mit dem restlichen Käse und den Semmelbröseln bestreuen und in 15–20 Minuten goldbraun und knusprig backen.

Den dicken Brokkolistrunk könnt ihr in einem anderen Rezept verwerten. Einfach schälen, in Scheiben schneiden und für Pfannengerichte, Suppen oder Eintöpfe verwenden.

Mozzarella

Beim Besuch eines italienischen Delikatessengeschäfts könnt ihr Mozzarella in verblüffender Größen- und Formenvielfalt entdecken, die in Gefäßen mit Molke oder Wasser schwimmen. Das Mozzarella-Sortiment reicht von häppchengroßen, als Bocconcini bekannten Bällchen bis zu großen Kugeln mit weichem Innern, der Burrata, und vielerlei Variationen dazwischen. Der Star unter ihnen ist Mozzarella di Bufalo Campana (DOP), der aus Büffelmilch nach einer geschützten, uralten Methode hergestellt wird. Früher wurde Mozzarella ausschließlich aus Büffelmilch hergestellt, doch heute ist Kuhmilch verbreiteter. Dieser süditalienische frische, unreife Käse mit seinem milchigen Äußeren und seiner elastischen Textur wird sowohl als Hauptzutat für klassische Salate verwendet – etwa beim Insalata Caprese, wo er mit Tomaten und Basilikum kombiniert wird – wie in gekochten Gerichten, etwa den Melanzane alla Parmigiana (einem Auflauf aus Auberginen, Tomaten, Mozzarella und Parmesan); und weil er außerdem so wunderbar schmilzt, ist er von Pizza nicht mehr wegzudenken.

Diese sommerlich-aromatische Panzanella aus geröstetem Gemüse, Mozzarella und Croûtons ist eine Abwandlung des klassischen ungekochten italienischen Salats. Das Gericht eignet sich perfekt, um übrig gebliebenes Sommergemüse zu verwerten und schmeckt wunderbar mit jungen, frischen Knoblauchzehen.

Gebackene Panzanella

Für: 4–6 Personen **Zubereitung:** 20 Minuten **Garzeit:** 40 Minuten

4 EL Olivenöl
2 rote Paprikaschoten, halbiert und vom Kerngehäuse befreit, jeweils in 3 Spalten geschnitten
2 gelbe Paprikaschoten, halbiert und vom Kerngehäuse befreit, jeweils in 3 Spalten geschnitten
2 rote Zwiebeln, halbiert und in Spalten geschnitten
2 Zucchini, diagonal in 1 cm breite Scheiben geschnitten
6 Strauchtomaten, entkernt und geviertelt
6 Knoblauchzehen, 2 geschält und 4 ungeschält
1 Ciabatta-Brot vom Vortag oder anderes knuspriges Brot, längs halbiert, dann quer halbiert
½ TL Kreuzkümmel
Je 1 Handvoll Basilikum und Oregano
200 g Mozzarella, abgetropft und in mundgerechte Stücke zerpflückt
Meersalz und schwarzer Pfeffer

FÜR DAS DRESSING
4 EL Olivenöl extra vergine
3 EL Balsamicoessig

1. Den Backofen auf 200 °C vorheizen. Das Öl in eine große Schüssel geben, Paprika, Zwiebeln, Zucchini und Tomaten zufügen, mit Salz und Pfeffer würzen und alles gut vermengen. Gemüse auf zwei großen Backblechen gleichmäßig verteilen. Je 2 ungeschälte Knoblauchzehen dazugeben und 20 Minuten backen, bis der Knoblauch sehr weich ist. Knoblauch und Tomaten vom Blech nehmen und beiseitelegen. Den Rest des Gemüses auf dem Blech wenden und weitere 20 Minuten im Ofen backen, bis es weich und an den Rändern leicht gebräunt ist.

2. In der Zwischenzeit eine große Grillpfanne bei mittlerer Hitze erwärmen. Ciabatta in 6 Minuten darin rösten, zwischendurch einmal wenden, bis es duftet und stellenweise dunkel gefärbt ist. Die geschälten Knoblauchzehen halbieren, mit der Schnittseite das geröstete Brot einreiben und abkühlen lassen.

3. Für das Dressing die Zutaten in einem Glas verrühren und mit Salz und Pfeffer würzen. Den gerösteten Knoblauch aus der Schale drücken und fein hacken. Zum Dressing geben, das Glas verschließen und kräftig schütteln, bis sich alles gut verbunden hat. Das Ofengemüse auf eine große Servierplatte geben. Ciabatta in mundgerechte Stücke reißen und über das Gemüse geben. Mit Kreuzkümmel, Kräutern und Mozzarella bestreuen. Das Dressing darüberträufeln und servieren.

Abbildung auf Seite 149.

Orzo-Salat mit Scamorza und Basilikumöl

Eigentlich bin ich kein großer Fan von Nudelsalat, aber dieser hier ist anders. Scamorza, eine Art geräucherter Mozzarella mit fester Konsistenz, schmeckt köstlich, wenn man ihn würfelt und unter **250 g gekochte Orzo-Pasta** rührt. Dafür benötigt man etwa **150 g Scamorza. 2 in schmale Streifen geschnittene Avocados, 3 entkernte und gewürfelte Tomaten** und **2 Handvoll Rucola** zugeben. Für das Dressing **5 EL Olivenöl extra vergine** mit **3 Handvoll Basilikum, 1 gehackten Knoblauchzehe, dem Saft von 1 großen Zitrone** sowie **Salz** und **Pfeffer** gut verrühren. Über den Salat geben und alles gut vermengen. Mit **2 EL gerösteten Pinienkernen** (siehe Seite 18) bestreuen und servieren.

Salat mit chinesischen schwarzen Bohnen und Mozzarella

Hier prallen zwei Kulturen aufeinander, aber es schmeckt einfach lecker. **3 EL chinesische fermentierte schwarze Bohnen** in siedendem Wasser 20 Minuten einweichen, dann abgießen (das Einweichwasser für ein anderes Rezept aufheben). In der Zwischenzeit **2 EL Sonnenblumenöl, 1 TL Sesamöl** und **2 TL helle Sojasauce** in einer Schüssel verrühren. **1 fein gehackte Frühlingszwiebel, ½ gehackte und entkernte rote Chilischote, 1 TL geschälten und fein gehackten Ingwer** und die schwarzen Bohnen einrühren. Mit jeweils **1 Handvoll gehacktem Koriander und Basilikum** garnieren.

Zucchini und Mozzarella mit Szechuan-Pfeffer

Ein warmer Salat mit einem Dressing, bei dem einem das Wasser im Mund zusammenläuft: **1 TL Szechuan-Pfefferkörner** in einer großen Pfanne ohne Fett 1 Minute rösten, bis sie duften. Aus der Pfanne nehmen und mit **½ TL Meersalz** zermahlen. **2 EL Olivenöl** in die Pfanne geben und **2 diagonal in Scheiben geschnittene gelbe Zucchini** darin 5 Minuten dünsten, bis sie weich und etwas eingefärbt sind. Mit dem ausgetretenen Saft auf eine Servierplatte geben und mit **150 g zerpflücktem Mozzarella** bestreuen. Mit **Szechuan-Salz** nach Belieben garnieren.

Kapitel 7

Eine Kiste Gemüse

Gemüse eröffnet dem Hobbykoch nahezu unbegrenzte kulinarische Möglichkeiten, und es ist so viel mehr als bloß eine Beilage. Die Rezepte in diesem Kapitel werden euch die Augen für neue Ideen öffnen, angefangen bei dem umwerfenden Kartoffel-Borretsch-Salat über knusprige Erbsen-Tofu-Taler bis hin zum aromatischen, langsam gegarten marokkanischen Gemüse. Beim Einkaufen solltet ihr euch immer für saisonales Gemüse entscheiden; damit tut ihr nicht nur eurem Geldbeutel einen Gefallen, es schmeckt auch viel besser. Eine gute Alternative zu frischen Produkten ist tiefgefrorenes Gemüse.

Kornblumenblaue, sternförmige Borretschblüten sehen hübsch aus und ihr frischer Geschmack erinnert an Gurke – und nicht nur das, auch die Blätter dieser einjährigen Pflanze sind essbar. Statt Zitronenschale gebe ich gern noch eine Handvoll fein gehackten wilden oder gezüchteten Sauerampfer in das Salatdressing. Seine zitronige Schärfe ähnelt der von jungen Spinatspitzen und passt gut zu cremigen Saucen. Wild wachsenden Sauerampfer findet ihr auf Wiesen und an Flussufern vom Frühling bis in den späten Herbst.

Kartoffel-Borretsch-Salat

Für: 4 Personen **Zubereitung:** 15 Minuten **Garzeit:** 16 Minuten

650 g neue Kartoffeln, abgebürstet und größere halbiert
4 Eier
1 Handvoll Borretschblüten und junge Blätter, Blätter zerpflückt
1 kleine rote Zwiebel, in Ringen
10 Radieschen, in dünnen Scheiben
2 EL Olivenöl extra vergine
1 kleine Handvoll Fenchelkraut oder Dill, gehackt
Meersalz und schwarzer Pfeffer

FÜR DIE ZITRONENCREME
100 ml Naturjoghurt
2 EL Mayonnaise
Saft und Abrieb von 1 kleinen Bio-Zitrone
2 TL grober Senf

1. Die Kartoffeln in einem großen Topf mit siedendem Wasser bedecken und bei mittlerer Hitze aufkochen. Dann die Hitze etwas reduzieren, Eier zugeben und halb zugedeckt 6 Minuten köcheln lassen. Eier herausnehmen, kalt abschrecken und beiseitelegen. Die Kartoffeln weitere 10 Minuten kochen, bis sie weich sind; gut abtropfen lassen.

2. In der Zwischenzeit die Zitronencreme zubereiten. Dafür alle Zutaten mit 2 Esslöffeln Wasser verrühren, mit Salz und Pfeffer würzen und beiseitestellen.

3. Die Kartoffeln in mundgerechte Stücke schneiden und mit den Borretschblättern in eine Schüssel geben. Zwiebel und Radieschen darübergeben, mit Öl beträufeln und vorsichtig vermengen. Mit der Hälfte der Zitronencreme beträufeln.

4. Die Eier pellen und grob zerdrücken, dann auf den Kartoffeln anrichten. Mit Fenchelkraut und Borretschblüten garnieren und den Salat mit der restlichen Zitronencreme servieren.

Passt prima zu Osterpasteten mit Ei ***(siehe Seite 120).***

Borretsch

ist eine einjährige Pflanze, die ab dem Frühjahr Blüten treibt. Den Selbstaussäer findet ihr wild wachsend, er ist aber auch eine hübsche Gartenpflanze. Da Borretsch gern von bestäubenden Bienen aufgesucht wird, ist er ein guter Nachbar für Tomaten und Erdbeeren. Blüten und junge Blätter sind essbar, doch Letztere können (ebenso wie die Stiele) mit fortschreitender Saison stachelig werden.

Dieser Hauptspeisensalat vereint alle Elemente des klassischen libanesischen Fattoush (Brotsalat), interpretiert es aber auf mexikanische Art – es enthält geröstete Maistortillas, Avocadostückchen, spritzigen Limettensaft und reichlich frischen Koriander. Ihr serviert den Salat am besten bei Raumtemperatur, sodass sich die Aromen richtig entfalten können, und gebt das Dressing erst kurz vorher darüber, damit die gerösteten Tortillas knusprig bleiben.

Mexikanisches Fattoush

Für: 4 Personen **Zubereitung:** 15 Minuten **Garzeit:** 16 Minuten

2 weiche Maistortillas
5 Strauchtomaten, entkernt und in Stücke geschnitten
1 große gelbe Paprikaschote, vom Kerngehäuse befreit und in Stücke geschnitten
1 kleine rote Zwiebel, in dünnen Ringen
2 Avocados, entkernt, geschält und in Stücke geschnitten
1 Handvoll Koriander, gehackt
1 Handvoll Minze, gehackt
1 rote Chilischote, entkernt und gewürfelt, optional

FÜR DAS DRESSING
3 EL Olivenöl extra vergine, plus Olivenöl zum Bestreichen
Saft von 1 Limette
Meersalz und schwarzer Pfeffer

1. Die Tortillas von beiden Seiten mit etwas Olivenöl bestreichen. Eine große Pfanne bei mittlerer Hitze erwärmen und die Tortillas darin nacheinander jeweils in 3–4 Minuten von beiden Seiten knusprig backen. Abkühlen lassen, dabei werden sie noch knuspriger, und dann in grobe Stücke reißen.

2. Tomaten, gelbe Paprika, Zwiebel und Avocados in eine tiefe Servierschale geben und mit den Kräutern bestreuen.

3. Für das Dressing die Zutaten verrühren und mit Salz und Pfeffer würzen. Dressing über den Salat geben und vorsichtig alles gut vermengen. Geröstete Tortillas und Chili darübergeben, noch einmal vermengen und sofort servieren.

Um das ganze Jahr mit frischen Kräutern versorgt zu sein, pflückt einfach die Blättchen von den Stängeln und friert sie ein – gehackt oder ganz. Dazu die Blättchen gleichmäßig auf einem Brettchen oder kleinen Blech verteilen. Die Stängel können separat eingefroren werden und zermahlen oder fein gehackt für Suppen und Eintöpfe verwendet werden. Alternativ könnt ihr frische Kräuter auch in Eiswürfelbehältern mit etwa Wasser einfrieren.

Dieses Gericht ist sehr anpassungsfähig: Es schmeckt wunderbar mit Grieß-Mandelmilch-Gnocchi (siehe Seite 96), ergibt aber auch einen leckeren Bruschetta-Belag; es kann mit Pasta oder Reis als vollständige Mahlzeit oder als Teil einer Auswahl von Meze serviert werden. Im Kühlschrank hält es sich bis zu 3 Tage und sollte am besten zimmerwarm oder warm gegessen werden.

Auberginen-Meze

Für: 4 Personen **Zubereitung:** 10 Minuten **Garzeit:** 20 Minuten

6 EL Olivenöl
1 große Aubergine, gewürfelt
4 Knoblauchzehen, fein gehackt
1 Stück Ingwer (ca. 4 cm), geschält und fein gerieben
1 TL Kreuzkümmel
2 TL gemahlener Koriander
1 TL Kurkuma
3 Tomaten, entkernt und gehackt
Saft von 1 Zitrone
Meersalz und schwarzer Pfeffer

1. Das Öl in einer großen Pfanne langsam erhitzen. Aubergine zugeben und in 10 Minuten weich dünsten, dabei gelegentlich wenden. Knoblauch, Ingwer und Kreuzkümmel einrühren und 1 weitere Minute köcheln, bis der Knoblauch weich ist.

2. Die gemahlenen Gewürze, Tomaten und 5 Esslöffel Wasser zugeben, zum Köcheln bringen, dann die Hitze reduzieren und 10 Minuten einköcheln lassen, bis die Flüssigkeit etwas eingedickt ist; dabei gelegentlich umrühren. Vom Herd nehmen, Zitronensaft einrühren und mit Salz und Pfeffer würzen. Warm oder bei Raumtemperatur servieren.

Heute muss man Auberginen nicht mehr salzen, um ihnen die Bitterstoffe zu entziehen, denn im Lauf der Jahre sind diese Bitterstoffe aus dem Gemüse herausgezüchtet worden. Das Salzen hat dennoch einen Vorteil: Es verhindert, dass die Aubergine beim Braten zu viel Öl aufnimmt.

Dieses Gericht aus gegrilltem Sommergemüse, schnell eingelegten Zitronen, Oliven und Gewürzen erinnert an Marokko. Dazu serviere ich gern knusprige Polenta-Scheiben aus der Pfanne (siehe Seite 86), aber auch mit gedämpftem Couscous schmeckt es wunderbar.

Langsam gegartes marokkanisches Gemüse

Für: 4–6 Personen **Zubereitung:** 15 Minuten, plus Zubereitung der eingelegten Zitronen und 15 Minuten Einweichzeit **Garzeit:** 55 Minuten

40 g getrocknete Tomaten, in dicken Streifen
2 TL Ringelblumenblütenblätter (siehe Seite 77) oder eine große Prise Safran
3 EL Olivenöl
1 große Zwiebel, in Streifen
2 große Knollen Fenchel, Kraut abgeschnitten und aufbewahrt, längs halbiert und in 1 cm große Spalten geschnitten
3 Zucchini, in mundgerechte Stücke geschnitten
100 g kleine schwarze entkernte Oliven
1 TL Kurkuma
1 TL Instant-Gemüsebrühe
2 EL Thymian
1 TL getrockneter Thymian
1 Rezeptmenge eingelegte Zitronen (siehe Seite 24)
Meersalz und schwarzer Pfeffer
Polenta-Bruschetta (siehe Seite 86), zum Servieren

1. Getrocknete Tomaten und Ringelblumenblütenblätter in 400 ml heißem Wasser 15 Minuten einweichen.

2. In der Zwischenzeit das Öl in einer großen Pfanne mit schwerem Boden langsam erhitzen und die Zwiebel darin in 10 Minuten glasig dünsten; dabei gelegentlich umrühren. Den Fenchel zugeben und in weiteren 5 Minuten dünsten, bis er beginnt, weich zu werden.

3. Zucchini, Oliven und getrocknete Tomaten zugeben, mit dem Ringelblumen-Einweichwasser aufgießen und aufkochen. Kurkuma, Gemüsebrühe und Thymian einrühren, die Hitze reduzieren und halb zugedeckt 30 Minuten köcheln lassen; dabei gelegentlich umrühren. Die eingelegten Zitronen zugeben und ohne Deckel 10 Minuten einköcheln lassen, bis die Sauce eingedickt und das Gemüse gar ist. Mit Salz und Pfeffer würzen, mit Fenchelkraut garnieren und mit Polenta servieren.

Oliven braucht ihr auch für die Paella (siehe Seite 76).

Es lohnt sich, die Blüten von wildem Fenchel für die Küche oder die Aussaat im nächsten Jahr zu ernten. Dafür einen kleinen Papierbeutel über den Blütenkopf stülpen, mit einem Gummiband festmachen, umdrehen und für einige Wochen an einem kühlen, trockenen Ort lagern. Die getrockneten Blütenköpfe schütteln, um die Samen auszulösen.

Dies ist ein leichtes Sommeressen oder eine Vorspeise. Nachdem ihr die dicken Bohnen gekocht habt, befreit ihr sie am besten von ihren meist zähen, grauen Hülsen – denn unter ihnen verstecken sich zarte, grüne Bohnenkerne. Dann rührt ihr die Bohnen mit etwas gewürfeltem Kohlrabi in ein zitroniges Ziegenkäsemousse. Lange Zeit habe ich um Kohlrabi, dessen Gestalt mich immer an Aliens erinnerte, einen Bogen gemacht, bis ich kürzlich überrascht feststellen musste, wie gut er schmeckt, wie eine Mischung aus Radieschen und Rübe, mit einer frischen, knackigen Textur.

Crostini mit dicken Bohnen und Ziegenkäse

Für: *4 Personen* ***Zubereitung:*** *15 Minuten, plus Zubereitung der eingelegten Zitronen (optional)* ***Garzeit:*** *10 Minuten*

500 g dicke Bohnen, geschält
75 g Kohlrabi, geschält und gewürfelt
1 Handvoll Minze, gehackt
8 dicke Scheiben Ciabatta
1 große Knoblauchzehe, halbiert
½ kleine rote Zwiebel, in dünnen Ringen

FÜR DAS ZIEGENKÄSEMOUSSE
225 g frischer, milder Ziegenkäse
2 TL eingelegte Zitronen (siehe Seite 24), fein gehackt, oder Abrieb von 1 Bio-Zitrone
2 EL Milch
2 EL Olivenöl
Meersalz und schwarzer Pfeffer

1. Salzwasser in einem Topf bei hoher Temperatur zum Kochen bringen. Dicke Bohnen zugeben und in 2–3 Minuten weich köcheln, dann abgießen und unter fließend kaltem Wasser abschrecken. Die abgekühlten Bohnen von ihren grauen Hülsen befreien und mit dem Kohlrabi und der Hälfte der Minze in eine Schale geben.

2. Für die Ziegenkäsemousse den Ziegenkäse mit den eingelegten Zitronen, Milch und Olivenöl verschlagen. Mit Salz und Pfeffer würzen und mit der Bohnenmischung vermengen.

3. Das Brot rösten und eine Seite jeder Scheibe mit der Schnittkante des Knoblauchs einreiben. Die Scheiben mit der Bohnen-Käse-Mischung bestreichen und mit Zwiebel und der restlichen Minze garnieren.

Übrig gebliebene frische Kräuter könnt ihr für einen Kräutertee verwenden: Minze, Fenchel, Brennnessel, Zitronenmelisse und Zitronenverbene eignen sich dafür besonders gut.

Kohlrabi

ist eine Kohlpflanze mit knollenartiger Wurzel, die oberirdisch wächst. Es ist eine schnell wachsende Pflanze, die von der Aussaat bis zur Ernte nur etwa zehn Wochen benötigt. Die Knolle wie die Blätter sind essbar: Gehobelt kann die Knolle für Salate verwendet oder leicht in Butter gebraten werden; die Blätter könnt ihr wie Kohlblätter zubereiten. Sucht nach der violetten Sorte, sie bringt prachtvolle Farbe in euer Leben.

Diese orientalisch angehauchten kleinen Bratlinge serviere ich mit meiner Interpretation des japanischen Ponzu-Dips, der eine süß-sauer-salzige Kombination aus braunem Zucker, Zitrussaft und Sojasauce ist.

Erbsen-Tofu-Taler

Für: *4 Personen* ***Zubereitung:*** *20 Minuten* ***Garzeit:*** *25 Minuten*

185 g fester Tofu, abgetropft, trocken getupft und grob gerieben
200 g frische Erbsen oder TK, aufgetaut
6 Frühlingszwiebeln, fein gehackt
2 große Knoblauchzehen, zerdrückt
1 Stück Ingwer (ca. 2,5 cm), ungeschält gerieben
½ TL getrocknete Chiliflocken
110 g Mehl
3 Eier, leicht verquirlt
200 ml Sonnenblumenöl
Meersalz und schwarzer Pfeffer
4 Handvoll Erbsensprossen, zum Servieren

FÜR DEN PONZU-DIP
6 EL helle Soja- oder Tamari-Sauce
6 EL Orangensaft, frisch gepresst
2 EL Zitronensaft oder Reisessig
4 TL brauner Zucker

1. Den Tofu in ein sauberes Geschirrtuch geben und überschüssiges Wasser ausdrücken. Dann mit Erbsen, 5 Frühlingszwiebeln, Knoblauch, Ingwer und Chili in eine Schale geben und alles gut vermengen.

2. Das Mehl in eine separate Schale geben, in die Mitte eine Mulde drücken und die verquirlten Eier hineingeben. Nach und nach die Eier mit dem Mehl verrühren, bis ein dicker, geschmeidiger Teig entstanden ist, dann die Erbsenmischung unterrühren und mit Salz und Pfeffer kräftig würzen.

3. Das Öl in einer tiefen Pfanne langsam erhitzen. 5–6 gehäufte Esslöffel Teig nebeneinander in die Pfanne geben und die Taler von jeder Seite in 3–4 Minuten goldbraun braten. Auf Küchenpapier abtropfen lassen und im Backofen bei geringer Hitze warm halten. Währenddessen die restlichen Taler zubereiten; der Teig reicht für etwa 16 Taler.

4. Für den Ponzu-Dip alle Zutaten gut vermischen und mit Pfeffer würzen. Auf vier Schälchen verteilen und mit den übrigen Frühlingszwiebeln bestreuen. Die Taler mit den Erbsensprossen garnieren und mit dem Dip servieren.

Dazu passt Soba-Nudelsalat (siehe Seite 65).

Erbsen schmecken am besten direkt aus der Schote oder kurz gekocht. Die Samen im Frühjahr draußen an einem sonnigen Ort aussäen. Größere Sprösslinge in nährstoffreichem Boden in einer Reihe 5 cm tief einpflanzen. Zwergpflanzen können in einer runden Furche ausgesät werden. Erntet die Erbsen regelmäßig ab, sonst bringen die Pflanzen keine neuen Blüten und Schoten mehr hervor.

Für dieses Rezept ziehe ich es vor, die Kidneybohnen zu zerdrücken, damit die Puffer eine gröbere Struktur bekommen. Wenn ihr eine feinere Konsistenz bevorzugt, könnt ihr auch einen Stabmixer oder eine Küchenmaschine verwenden; ihr solltet aber daran denken, dass Bohnen aus der Dose eine weichere Konsistenz haben als getrocknete. Die Chipotle-Paste aus geräucherten Jalapeños mag ich ganz besonders gern, sie gibt dem Ganzen eine kräftige, rauchig-würzige Note. Um es noch mexikanischer zu machen, könnt ihr die Puffer mit mexikanischem Fattoush (siehe Seite 157) servieren.

Bohnen-Möhren-Puffer mit Chipotle

Für: 4 Personen **Zubereitung:** 20 Minuten **Garzeit:** 12 Minuten

480 g abgetropfte rote Kidneybohnen (Dose) oder gekochte getrocknete Bohnen (siehe Seite 8–9)
1 große Möhre, grob gerieben
3 Knoblauchzehen, zerdrückt
1 Handvoll kleiner Sprossen, etwa Radieschen, Alfalfa oder Brokkoli
100 g Semmelbrösel (siehe Seite 52)
2–3 EL Tomatenketchup, nach Belieben
1–2 EL Chipotle-Paste, nach Belieben
Mehl, für die Arbeitsfläche
Pflanzenöl, zum Braten
1 große Handvoll Koriander, gehackt, zum Servieren

FÜR DEN CHILI-LIMETTEN-JOGHURT
125 ml Naturjoghurt
Saft von 1 Limette
4 EL süße Chilisauce, oder nach Belieben
Meersalz und schwarzer Pfeffer

1. Für den Chili-Limetten-Joghurt alle Zutaten in einer Servierschüssel vermischen und mit Salz und Pfeffer würzen.

2. Die Bohnen mit einer Gabel oder einer Kartoffelpresse in einer Schale zu einer groben Paste zerdrücken. Möhre, Knoblauch, kleine Sprossen, Semmelbrösel, Ketchup und Chipotle-Paste unterrühren. Mit Salz und Pfeffer kräftig würzen, und wenn ihr es etwas schärfer mögt, noch mehr Chipotle-Paste zugeben. Alternativ könnt ihr auch noch 1 Esslöffel Ketchup unterrühren.

3. Eine große Platte mit Mehl bestäuben und darauf aus der Bohnenmischung 12 kleine, etwa 1,5 cm dicke Puffer (oder 4 große Bratlinge) formen. Mit etwas Mehl bestäuben und überschüssiges Mehl abklopfen.

4. Den Boden einer großen Pfanne mit Öl bedecken und langsam erhitzen. Die Bohnenpuffer in zwei Portionen von jeder Seite in 3 Minuten goldbraun und knusprig braten. Auf Küchenpapier abtropfen lassen und warm halten. Bohnenpuffer mit Koriander garnieren und mit Chili-Limetten-Joghurt servieren.

Wurzelgemüse ist preiswert und verleiht dieser wärmenden, sättigenden Gemüse-Pie mehr Substanz.

Wurzelgemüse-Pie mit Cheddar und Cider

Für: 4–6 Personen **Zubereitung:** 45 Minuten, plus Abkühlzeit **Garzeit:** 50 Minuten

4 Weiße Rüben, gewürfelt
2 Pastinaken, gewürfelt
3 Möhren, gewürfelt
175 g Knollensellerie, gewürfelt
1 EL Instant-Gemüsebrühe
20 g Butter
2 Zwiebeln, gehackt
200 g braune Champignons, in Scheiben
4 Knoblauchzehen, gehackt
Blätter von 6 Stängeln Thymian oder 1 TL getrockneter Thymian
1 gehäufter EL Salbei, gehackt, plus 3 große Salbeiblätter
2 gehäufte EL Mehl, plus Mehl für die Arbeitsfläche
200 ml trockener Cider
1 EL Dijon-Senf
150 g reifer Cheddar, gerieben
400 g Blätterteig (TK), aufgetaut
1 Ei, verquirlt, zum Glasieren
Meersalz und schwarzer Pfeffer

1. Das Wurzelgemüse in einem großen Topf aufkochen und die Gemüsebrühe einrühren. Die Hitze reduzieren, 12–15 Minuten köcheln, bis das Gemüse gar ist. Abgießen und die Brühe aufheben.

2. Die Butter in einer großen Pfanne zerlassen und die Zwiebeln in 8 Minuten darin glasig dünsten. Pilze, Knoblauch und Kräuter zugeben und weitere 5 Minuten dünsten. Mit Mehl bestäuben und 1 weitere Minute unter ständigem Rühren garen. Mit Cider aufgießen, gut rühren, damit sich alles vom Boden löst, und 2 Minuten einkochen, bis es etwas eingedickt ist. Das Wurzelgemüse, 350 ml von der aufgehobenen Brühe und den Senf zugeben, alles gut vermengen und mit Salz und Pfeffer kräftig würzen. Die Gemüsemischung in eine eckige ofenfeste Form (25 × 29 cm) oder eine runde Form (Ø 27 cm) geben. Käse einrühren und abkühlen lassen.

3. Den Backofen auf 200 °C vorheizen. Den Teig auf einer leicht bemehlten Arbeitsfläche so ausrollen, dass er die Form mit etwa 2,5 cm Überhang ringsum bedeckt. Vom Rand ringsum einen 1 cm breiten Streifen abschneiden. Den Rand der Form mit Wasser befeuchten und mit dem Teigstreifen auskleiden. Den Streifen ebenfalls mit Wasser einstreichen und die Teigplatte über die Füllung legen. Die Teigränder gut zusammendrücken, damit der Deckel gut abgedichtet ist, überschüssigen Teig abschneiden und mit Zeigefinger und Daumen ringsum ein wellenförmiges Muster in den Rand drücken. Mit einer Gabel die Pie mehrfach einstechen, damit der Dampf entweichen kann, dann den Teig mit dem verquirlten Ei bestreichen. Salbeiblätter darauf verteilen und alles erneut mit etwas Ei bestreichen. 30 Minuten backen, bis die Pie aufgegangen und goldgelb gefärbt ist. Warm servieren.

Saltado ist ein peruanisches Eintopfgericht mit asiatischem Einfluss, das traditionell mit Rindfleisch zubereitet wird. Diese fleischfreie Variante präsentiert sich mit marinierten Tofuwürfeln, neuen Kartoffeln und roter Paprika in einer würzigen Tomatensauce mit frischen Kräutern.

Paprika-Tofu-Saltado

Für: *4 Personen* ***Zubereitung:*** *20 Minuten, plus 1 Stunde Marinierzeit*
Garzeit: *45 Minuten*

6 EL dunkle Sojasauce
3 gehäufte TL scharfe Chilipaste
400 g fester Tofu, abgetropft, trocken getupft und gewürfelt
3 EL Olivenöl, plus Olivenöl nach Bedarf
450 g neue Kartoffeln, geschält und gewürfelt
2 große Zwiebeln, gehackt
2 große rote Paprikaschoten, vom Kerngehäuse befreit und in Stücke geschnitten
4 große Knoblauchzehen, zerdrückt
2 TL gemahlener Koriander
2 TL gemahlener Kreuzkümmel
1 EL Weißweinessig
550 g Tomaten, gehäutet, entkernt und gehackt
2 große Handvoll Minze, gehackt
2 große Handvoll Koriander, gehackt

1. 2 Esslöffel Sojasauce mit 2 Teelöffeln Chilipaste in einem großen, tiefen Teller verrühren. Tofu zugeben und gut mit der Marinade vermengen. 1 Stunde marinieren lassen.

2. 20 Minuten bevor der Tofu fertig ist, das Öl in einer tiefen Pfanne langsam erhitzen. Die Kartoffeln darin in 16–18 Minuten rundum knusprig braten; dabei regelmäßig wenden. Kartoffeln mit einem Schaumlöffel herausheben und auf Küchenpapier abtropfen lassen. Tofu in die Pfanne geben und in 10 Minuten rundum goldbraun backen; dabei gelegentlich wenden. Aus der Pfanne nehmen und auf Küchenpapier abtropfen lassen.

3. Bei Bedarf mehr Öl in die Pfanne geben und die Zwiebeln darin in 6 Minuten glasig dünsten. Paprika zugeben und in weiteren 3 Minuten weich dünsten. Währenddessen Knoblauch, gemahlene Gewürze, Essig, die restliche Sojasauce und Chilipaste verrühren, dann mit den Tomaten und 5 Esslöffeln Wasser in die Pfanne geben. 5 Minuten unter regelmäßigem Rühren kochen, bis die Tomaten zu einer Sauce zerfallen. Kartoffeln und Tofu mit drei Vierteln der Kräuter in die Pfanne geben und alles gut erwärmen. Mit den restlichen Kräutern garnieren und servieren.

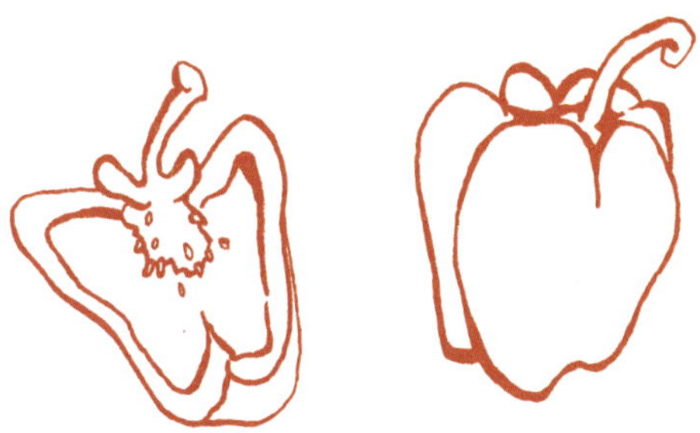

Ein Glas Harissa findet in meiner Küche vielfältige Verwendung. Ich verrühre Harissa mit Mayonnaise zu einer schnellen Sauce, streiche es über geröstetes Gemüse, mische es unter Couscous oder nutze es, wie hier, als Basis für eine schnelle Marinade. Die Pilz-Burger werden mit einer Scheibe gegrilltem Halloumi belegt und darüber kommt 1 Löffel Paprika-Kreuzkümmel-Dressing.

Pilz-Burger

Für: 4 Personen **Zubereitung:** 10 Minuten, plus 30 Minuten Marinierzeit
Garzeit: 12 Minuten

3 EL Olivenöl extra vergine
3 TL Harissa
1 TL Zitronensaft
4 große Champignons, Stiele entfernt
4 Scheiben Halloumi, abgespült und trocken getupft
4 Focaccia-Brötchen, aufgeschnitten
Meersalz und schwarzer Pfeffer
Grüner Salat, zum Servieren

FÜR DAS PAPRIKA-KREUZKÜMMEL-DRESSING
2 EL Olivenöl extra vergine
½ große rote Paprikaschote, vom Kerngehäuse befreit und gewürfelt
1 große Knoblauchzehe, fein gehackt
½ TL Kreuzkümmel
1 EL Balsamicoessig
2 gehäufte EL Koriander, grob gehackt

1. Olivenöl, Harissa und Zitronensaft verrühren und mit Salz und Pfeffer würzen. Die Pilze von beiden Seiten großzügig mit der Marinade bestreichen und 30 Minuten marinieren lassen.

2. Die Grillfunktion des Backofens auf mittlere Hitze einstellen und das Paprika-Kreuzkümmel-Dressing zubereiten. Dazu 1 Esslöffel Öl in einer großen Pfanne langsam erhitzen. Paprika zugeben und in 3 Minuten weich dünsten, dann Knoblauch und Kreuzkümmel einrühren und 1 weitere Minute dünsten, dabei regelmäßig rühren. Vom Herd nehmen und in eine kleine Schale geben. Das restliche Öl, Balsamicoessig und Koriander unterrühren, dann mit Salz und Pfeffer würzen. Beiseitestellen.

3. Die Pilze mit den Lamellen nach unten auf ein Stück Alufolie legen. Die Ränder der Folie auffalten, damit austretender Saft nicht herausläuft. In 5 Minuten im Ofen grillen, bis sie weich sind, dann umdrehen und nochmals 1 Minute grillen. Den Grill auf höchste Temperatur einstellen, 1 Scheibe Halloumi auf jeden Pilz legen und nochmals für 2–3 Minuten grillen, bis der Käse weich und an manchen Stellen goldbraun gefärbt ist.

4. Die Focaccia-Brötchen gleichzeitig mit den Pilzen in den Ofen geben, bis sie leicht geröstet sind. Zum Servieren jeweils einen mit einer Halloumi-Scheibe belegten Pilz auf die untere Hälfte eines Brötchen setzen und mit einem großzügigen Löffel Dressing beträufeln. Ausgetretenen Saft von den gegrillten Pilzen über die obere Hälfte des Brötchens träufeln, dann diese Hälfte über die Pilze legen. Mit grünem Salat servieren.

Pilze solltet ihr nur sammeln, wenn ihr euch absolut sicher seid, was es für welche sind. Rüstet euch mit einem Bestimmungsbuch aus oder schließt euch einem erfahrenen Pilzsammler an. Der Wiesenchampignon ist vielleicht der am häufigsten verzehrte wild gesammelte Pilz. Ihr findet ihn auf Wiesen, Feldern und Weideland vom Spätsommer bis in den Herbst. Beim Bestimmen solltet ihr dennoch aufpassen, denn es gibt giftige Pilze, die ähnlich aussehen.

Rote Bete

Es mag merkwürdig erscheinen, unter so vielen Gemüsesorten ausgerechnet die Rote Bete herauszupicken, aber ihr erdig-süßlicher Geschmack und ihre leuchtende rotviolette Farbe weisen deutlich darauf hin, dass sie sich für viele leckere – sogar süße – Gerichte eignet. Rote Bete ist eng verwandt mit Mangold und Spinat, ihr solltet also auf keinen Fall die Blätter wegwerfen, denn sie können auf die gleiche Weise zubereitet werden. Die festen Knollen könnt ihr im Ganzen backen (ungeschält, damit sie nicht ausbluten) oder ihr könnt die Backzeit reduzieren, indem ihr sie in Spalten schneidet; so oder so müssen sie gegart werden, bis sie weich und richtig süß sind. Alternativ könnt ihr sie in Wasser kochen, dann einlegen oder gerieben für Salate verwenden – und für Kuchen! Und dann gibt es da noch die umwerfende italienische, bunt gestreifte Rote Bete, auch als Chioggia bekannt, mit ihren konzentrischen Kreisen in verschiedenen Pink-, Rot-, Gelb- und Weißtönen. In papierdünne Scheiben geschnitten und auf einem Salat angerichtet, lassen sich beeindruckende Effekte damit erzielen.

Rote Bete machen pikante oder süße Muffins wunderbar saftig, auf dieselbe Weise wie es Karotten oder Zucchini tun, und mit ihrer leuchtend roten Farbe lassen sie die Küchlein außerdem sehr hübsch aussehen. Wenn ihr fertig gekochte Rote Bete kauft, stellt sicher, dass sie ohne Essig gekocht sind. Für ein besseres Ergebnis solltet ihr lieber einen bröckeligen Ziegenkäse nehmen als einen zart schmelzenden. Das Geheimnis locker-leichter Muffins liegt darin, den Teig so wenig wie möglich zu rühren; die Zutaten nur kurz vermengen und fertig – sie müssen sich nicht einmal richtig miteinander verbunden haben.

Rote-Bete-Ziegenkäse-Muffins

Für: *12 Muffins* ***Zubereitung:*** *15 Minuten* ***Garzeit:*** *25 Minuten*

Sonnenblumenöl, zum Einfetten
280 g Mehl
½ TL Meersalz
2 TL Backpulver
½ TL Natron
2 große Eier, leicht verquirlt
300 ml Naturjoghurt
85 g Butter, zerlassen
115 g Ziegenkäse, zerbröckelt
225 g gekochte Rote Bete, grob geraspelt
2 EL Kürbiskerne

1. Den Backofen auf 190 °C vorheizen. Ein 12er-Muffinblech etwas einölen (ihr könnt auch 6 große Muffin-Papierförmchen verwenden).

2. Mehl, Salz, Backpulver und Natron in eine Schüssel sieben.

3. Eier und Joghurt vermischen und die zerlassene Butter unterschlagen. Die trockenen Zutaten hineinrühren, dann vorsichtig Ziegenkäse und Rote Bete unterheben, bis alles gut vermengt ist. Die Mischung in das Muffinblech füllen, mit Kürbiskernen bestreuen und 20–25 Minuten backen, bis die Muffins aufgegangen und goldbraun gefärbt sind.

Statt überschüssiges Eiweiß wegzuwerfen, friert es lieber in einem kleinen Plastikbehälter oder im Eiswürfelbehälter ein. Ihr könnt später damit Baiser machen oder es für einen Tempura-Teig verwenden.

Abbildung auf Seite 171.

Rote-Bete-Marmelade

Ein Löffel dieser dickflüssigen, erdig-würzigen Marmelade passt besonders gut zu kräftigem Käse oder Gerichten auf Nuss- oder Bohnenbasis. **1 große, fein gehackte Zwiebel** mit **1 EL Olivenöl** in 10 Minuten glasig dünsten. **2 (etwa 280 g) geschälte und geriebene rohe Rote Bete, 1 großen geschälten und geriebenen Apfel, je 100 ml Cidre-Essig** und **Wasser** sowie **4 EL braunen Zucker** zugeben. Gut verrühren und aufkochen, dann die Hitze reduzieren und halb zugedeckt 40 Minuten köcheln lassen, bis die Rote Bete sehr zart ist. Den Deckel abnehmen und 15 Minuten einköcheln lassen, hin und wieder rühren, bis die Mischung eine marmeladenähnliche Konsistenz angenommen hat. Mit **Salz** und **Pfeffer** würzen und die Marmelade vor dem Servieren abkühlen lassen oder in ein sterilisiertes Glas (siehe Seite 11) füllen und bis zu einem Monat aufbewahren.

Libanesischer Rote-Bete-Dip

Dieser einfache Dip schmeckt köstlich auf warmem Fladenbrot oder mit Gemüsesticks. Ich röste meine Roten Bete am liebsten selbst, aber ihr könnt auch fertig gekochte Rote Bete verwenden, wenn die Zeit knapp ist. Den Backofen auf 200 °C vorheizen. **2 (etwa 280 g) Rote Bete** von den Stielen befreien und in Alufolie wickeln. 1–1 ¼ Stunden rösten, bis sich die Roten Bete mit einem kleinen Spieß leicht einstechen lassen. Abkühlen lassen, bis man sie anfassen kann, dann schälen und grob hacken. Rote Bete mit **6 EL Naturjoghurt, dem Saft von 1 Zitrone, 1 zerdrückten Knoblauchzehe, 1 gehackten roten Chilischote, 2 TL Ras el Hanout** und **½ TL gemahlenem Kreuzkümmel** zu einer weichen Paste zerkleinern. Mit **Salz** und **Pfeffer** würzen und in eine Schale füllen. Mit **zerbröckeltem Feta** sowie **Koriander** und **Minze** bestreuen und servieren.

Rote-Bete-Chips

Den Backofen auf 180 °C vorheizen. **5 rohe Rote Bete** mit einem Küchenhobel oder einem sehr scharfen Messer in dünne, etwa 3 mm dicke Scheiben schneiden. Mit Küchenpapier trocken tupfen und von beiden Seiten mit etwas **Olivenöl** bestreichen. Auf zwei Backblechen gleichmäßig verteilen und 20–25 Minuten rösten, bis sie kross sind (sie werden beim Abkühlen noch knuspriger); zwischendurch einmal wenden und die Position der Bleche vertauschen. Regelmäßig kontrollieren, die Chips können leicht anbrennen. Auf Küchenpapier abtropfen lassen und mit **Meersalz** würzen.

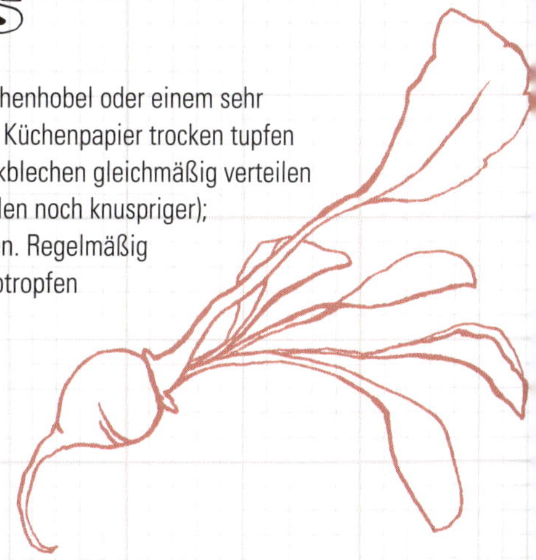

Zutaten- und Rezeptregister

A
Asiatische Gemüsebrühe 15
Asiatische Nudeln
  Birmanisches Curry mit Soba-Nudeln und Tofu 64
  Pho mit Grünkohlchips 60
  Soba-Nudeln mit Korianderdressing 65
  Soba-Nudeln mit Miso-Sauce 65
  Soba-Nudelsalat 65
  Tempeh mit Erdnusssauce 102
  Udon-Nudeltopf mit Tahin und Bärlauch 58
  Wantan-Ravioli mit Rucola 59
Auberginen
  Auberginen-Meze 158
  Spaghetti mit Aubergine, Schafskäse und Minze 49

B
Bärlauch
  Bärlauchpesto 54
  Udon-Nudeltopf mit Tahin und Bärlauch 58
Basilikumsauce 46
Bibimbap 75
Birnen
  Holunderblüten-Birnen 132
  Salat mit Pekannüssen, Birne und Kapuzinerkresse 94
Bohnen, dicke
  Crostini mit dicken Bohnen und Ziegenkäse 160
  Bohnenrisotto mit Blauschimmelkäse 81
  Bohnen-Möhren-Puffer mit Chipotle 164
Bohnen, schwarze
  Orientalische Suppe mit schwarzen Bohnen 28
  Salat mit chinesischen schwarzen Bohnen und Mozzarella 151
  Tortillas mit schwarzen Bohnen und Limettencreme 37
Bohnen, weiße
  Weiße Bohnen spanische Art 38
Brot
  Crostini mit dicken Bohnen und Ziegenkäse 160
  Gebackene Panzanella 150
Käse-Paprika-Auflauf 143
Burger, Pilz- 168

C
Cashewkerne, Scharfe 80
Chili
  Chilaquiles 115
  Chili-Öl 52
  Maisbrot mit Käse und Chili 87
  Tomaten-Chili-Sauce 22
Chinakohl
  Kimchi 20
Chutney, Mango- 19
Curry
  Birmanisches Curry mit Soba-Nudeln und Tofu 64
  Curry-Gewürzmischung 15
  Sri-lankisches Kokosnusscurry 103

D
Dukka 109

E
Edamame-Wasabi-Hummus 32
Eier
  Arancini-Eier 68
  Eggah 129
  Eier mit Zitronengrassauce 125
  Griechische Eier-Zitronen-Suppe 112
  Linguine Carbonara mit knusprigen Kapern 53
  Mangold-Parmesan-Tortino 128
  Osterpasteten mit Ei 120
  Pizzata 119
  Sushi-Röllchen 129
  Tunesische Eier mit Kräuterjoghurt 116
  Vakuumgegartes Omelett 129
  Würzige Spiegeleier 118
Erbsen-Tofu-Taler 162
Erdnüsse
  Quinoa-Salat mit gerösteten Erdnüssen 72
  Tempeh mit Erdnusssauce 102

F
Fattoush, Mexikanisches 157
Fava-Bohnen-Püree 31

G
Gemüse, Langsam gegartes marokkanisches 159
Gemüsebrühe 14
Gnocchi, Grieß-Mandelmilch- 96
Granatapfel-Salsa 21
Grühnkohlchips, Pho mit 60

H
Holunderblütensirup 25
Hummus, Edamame-Wasabi- 32

K
Kartoffeln
  Asiatischer Kartoffelbrei 22
  Kartoffel-Borretsch-Salat 154
  Kartoffel-Pastinaken-Puffer mit Fenchelkraut 123
  Paprika-Tofu-Saltado 167
  Pizzata 119
Käse
  Bohnenrisotto mit Blauschimmelkäse 81
  Cavatappi mit Zucchini, Feta und Walnüssen 50
  Crostini mit dicken Bohnen und Ziegenkäse 160
  Doppelt gebackene Käse-Soufflés 122
  Greyerzer-Tarte mit Rote-Bete-Blattgrün 144